JN430203

일러두기

이 책은 2013년부터 최근까지 월간 〈행복이가득한집〉에 연재되었던 기사를 단행본으로 묶은 것입니다.

단행본으로 엮으면서 게재 순서를 달리했으며, 경우에 따라 현재 모습과 다를 수 있습니다.

이 도서의 국립중앙도서관 출판예정도서목록(CIP)은 서지정보유통지원시스템

홈페이지(http://seoji.nl.go.kr)와 국가자료공동목록시스템(http://www.nl.go.kr/kolisnet)에서

이용하실 수 있습니다.(CIP제어번호 : CIP2014021957)

내
작은 집
디자인하기

<행복이가득한집> 편집부

*design*house

작아도
작지 않은
집

결혼 후 허리띠 졸라매고 열심히 살림을 살아 손바닥만 한 집이라도 내 집을 장만하는 게 지상 과제였다가, 내 집을 장만하고 나서도 17평에서 24평, 그리고 30평대, 40평대, 50평대 그 이상으로 집 평수 늘려 이사 가는 걸 우리 사회 보통 사람들이 평생 목표로 삼던 적이 있었습니다. 집 평수가 늘어남에 따라 우리 가족의 부富의 수준이, 사회적 지위가, 자존심이 비례해 높게 평가받는다고 믿어온 까닭이었죠. 물론 지금도 그 편협한 잣대에서 완전히 벗어났다고 자신 있게 말할 수는 없지만, 적어도 요즈음 집이라는 공간을 바라보는 시선은 오로지 크기로만 평가하던 단순함에서 어느 정도는 자유로워진 듯합니다.

우리나라 전체 가구에서 1~2인 가구의 비중이 절반 이상을 차지하는 것도 한몫할 테고, 무엇보다 삶을 대하는 태도가 다양화된 측면도 크다고 여겨집니다. 남의 눈을 의식하기보다 내 취향이 가장 중요하게 존중받기를 원하는 이들이 더 많아졌으니까요. 특히나 내 '집'에서는 말이죠. 그래서인지 서점에서 인기리에 팔리는 주거문화 관련 서적을 보아도 '작은 집'을 다룬 책들이 대세입니다. 우리 잡지에서는 매달 서너 곳 이상 아파트나 빌라, 주택의 사례를 소개하고 있는데, 제가 보아도 요즘 유독 눈에 띄고 관심 가는 집은 비교적 크기가 작은 집이 대부분입니다. 작은 집이기에 더 돋보이는 공간 배치, 무릎을 탁 치게 만드는 수납 아이디어, 라이프스타일에 따른 과감한 선택과 집중! 작은 집에는 사는 이의 개성과 생활 패턴에 따라 가구 선택 하나, 마감재 선택 하나, 컬러 선택 하나까지 엄청난 고민을 고민을 거듭해 적용한 것들이니, 넓은 집에서는 느낄 수 없는 솔직함과 단호함이 들어 있습니다.

사람 사는 건 다 똑같을진대 작은 집에서라면 취향이 더 분명해질 수밖에 없습니다. 살림을 많이 하지는 않지만 카페처럼 넓고 아늑한 주방을 꿈꾸는 30대 싱글 여성이라면 자투리 공간을 활용해 널찍한 다이닝룸을 만들어야겠지요. 다른 건 다 포기해도 집에서 영화 보기를 즐긴다면 수납장을 설치하는 대신 벽을 비워야 하고, 집과 일터를 하나로 사용하고 싶다면 공간의 효율성을 높이기 위해 유연한 공간 배치에 중점을 두어야 합니다. 이처럼 큰 집이라면 빠하게 느껴질 수 있는 요소도 작은 집이기에 그 실용성과 감각이 더욱 돋보인다는 것을 알 수 있습니다. 저는 감히 이런 집을 100% 살아 있는 집이라 말하고 싶습니다. 이 책은 〈행복이가득한집〉이 2013년 연중 기획으로 소개한 '취향을 담은 작은 집'을 비롯해 작은 평수를 예쁘게 짓거나 고친 집 14곳을 묶은 것입니다. 이 책 곳곳에서 작은 집을 넓게 쓰는 아이디어와 자신의 취향을 담아내는 노하우를 찾아보세요. 그러다 보면 느끼게 될 겁니다. 집 크기는 작아도 이 집에 사는 사람들의 생각은 결코 작지 않다는 것을요.

〈행복이가득한집〉 편집장 구선숙

contents

30대 싱글라이프의
취향을 담은
작은 집
: 개조만으로 2평 더 넓어진 25평 아파트
8

하루의 피로를
씻어주는
전망 좋은 집
: 후스테이블 정기주 대표의 살림집 셀프 레노베이션
18

Fun하게
즐길 수 있는
키친 라이프
: 퍼시스 그룹 소중희 본부장의 부엌을 들인 작은 집
32

30평 작은 땅,
나를 닮은
집을 짓다
: 빗소리가 들리는 집, 비온후
46

좋아하는 컬러를
대담하게
사용하다
: 개와 고양이가 함께 사는 24평 아파트 개조기
60

경계를 허물면
답이 보인다,
작지만 알찬 땅콩집
: 한 필지 반으로 나눠, 수직으로 면적을 넓히다
74

한 공간에
두 기능을 부여한
옹골찬 아파트
: 쪼개고 나눠 부실별 기능을 극대화한 멀티 공간
88

단출하고 유연하게,
뺄셈으로 지은
리틀 화이트
: 건축가 이영조 씨의 제주 세컨드 하우스
100

단 7.8평,
주인 닮은
콤팩트 하우스
: 인테리어 디자이너 전성원 씨의 7.8평 빌라
114

낡은 주택 개조기,
'시간'의 가치를
더하다
: 김학중, 하초희 부부의 구기동 30년 된 주택
126

공간의 여유,
편리하게 감췄다가
깔끔하게 보였다가
: 7살 아이와 함께 사는 소형 아파트 개조기
140

食口라는
풍경이 뿜어내는
온기를 담은 집
: 선택과 포기의 전술, 삼청동 누크 갤러리
148

19년 된 아파트,
건축적
리모델링을 하다
: 건축 디자이너 박선영의 신혼집 인테리어
160

여백, 음주
그리고
동심으로 말하는 집
: 공간 활용 200%, 가구 디자이너의 아파트 레노베이션
176

30대 싱글라이프의
취향을 담은
작은 집

: 개조만으로 2평 더 넓어진
25평 아파트

'지피지기 백전불태', 나를 알고 상대방을 알면 백번 싸워도 위태롭지 않다는 옛말은 인테리어에서도 통한다. 먼저 자신의 취향을 알고 내 집을 맡길 전문가를 찾으면 인테리어 레노베이션의 성공률이 그만큼 높아진다는 이야기다. 자투리 공간까지 알뜰하게 활용해 널찍한 다이닝룸이 펼쳐진 이혜정 씨의 집이 바로 그 사실을 증명한다.

침실 베란다를 확장해 풍부한 채광이 들어오게 한 후, 한쪽에 계단형 화단을 만들어 작은 화분을 두었다.

다이닝룸에서 강한 존재감을 드러내는 빅 테이블은 어라운드 테이블에서 구입했고, 벽걸이 조명등은 세르주 무이의 오리지널 빈티지 제품으로 aA디자인뮤지엄에서 구입했다.

얼마 전 지인에게서 전화가 왔다. 살고 있는 집을 야심 차게 레노베이션하는데 가구는 어디서 사면 좋겠냐는 질문이었다. 대략 인테리어 스타일을 알아야 집 안에 어떤 가구가 어울릴지 가늠할 수 있기에 나는 그에게 집을 어떤 스타일로 고치느냐고 물었다. 그의 답변은 의외로 간단했다. "내가 뭘 알아야지. 업체한테 알아서 잘해달라고 했어." 며칠이 지난 후 결국 우려한 일이 터지고 말았다. 그는 자신이 원하는 스타일로 집이 고쳐지지 않았다며 볼멘소리를 했고, 지금까지도 업체와의 갈등으로 줄다리기를 하고 있단다.

매달 잡지를 비롯한 언론에는 레노베이션으로 '환골탈태'한 멋진 집들이 소개되지만, 사실 그렇지 않은 곳도 숱하게 많은 게 현실이다. 문제는 '알아서' 해달라고 주문하는 집주인과 주문대로 정말 '알아서' 집을 싹 고쳐 놓는 업체, 양쪽 모두에게 있을 것이다.

주말 학습으로 키워나간 인테리어 안목

인테리어 스타일리스트 이길연 실장이 자신의 마음에 쏙 들게 디자인이 나온 집이 있다기에 그곳을 찾았다. 올해 2월에 입주한 집주인 이혜정 씨의 서울 마포구 공덕동 5차 래미안 82.5㎡(25평) 아파트. 거기서 집주인, 이길연 실장과 함께 '집을 인테리어 디자이너에게 맡겼을 때 쌍방 간의 커뮤니케이션'에 대한 주제로 인터뷰를 시작했다. 이길연 실장은 "사실 클라이언트의 대부분은 제게 알아서 잘해달라고 말해요. 이혜정 씨 역시 3년 전부터 길연 홈페이지를 눈여겨보면서 대대적으로 레노베이션을 준비한 사람인데도, 처음 만날 때 제게 주문한 것도 바로 그 말이었어요. 본인은 인테리어에 대해 잘 알지 못하다 보니 알아서 예쁘게 해달라고 하더라고요. 결국 집주인의 머릿속에 막연하게 자리한 이상향의 집을 현실화하도록 하는 것이 디자이너의 중요한 역할이죠."

다용도실을 개조한 주방은 넓지 않은 공간인 만큼 문을 닫았을 때 답답한 느낌이 들지 않도록 빗살 접이문을 설치해 자연스럽게 빛이 새어나오도록 했다.

금융권에서 일하는 30대 싱글인 집주인 이혜정 씨는 이곳에 생애 첫 번째 보금
자리를 마련했다. 그리고 이왕이면 내 몸에 꼭 맞는 집을 꾸며보자는 생각으로
인테리어 전문가를 샅샅이 조사했고, 6개월이나 되는 시간에 걸쳐 마침내 이길
연 실장을 최종 낙찰했다. 그는 디자이너와 함께 시장 조사를 다니기 시작했다.
가구점, 인테리어 자재 전문점은 물론 주말에는 요즘 뜨는 '핫'한 카페도 함께
찾아다녔다. 3~4개월의 시간이 지나면서 이혜정 씨는 자신도 잘 모르던 취향
을 알게 되었고, 어떤 스타일의 집을 원하는지 감을 잡았다.
"잡지나 인터넷 검색을 하며 보던 다양한 자재들을 직접 두 눈으로 확인하면서
인테리어 공부를 제대로 했어요. 이런 과정 없이 디자이너가 알아서 뚝딱 인테
리어를 완성했다면 지금만큼 집에 대한 애착이 크지 않았을 거예요. 나중에
들은 말인데, 디자이너에게 가장 까다롭고 가장 어려운 주문이 알아서 잘 해
달라는 거더라고요(웃음)."

작은 아파트, 널찍한 다이닝룸을 갖춘 사연

이혜정 씨는 디자이너에게 자신의 라이프스타일을 낱낱이 공개했다. 싱글이어
서 가끔은 혼자 밥 먹을 때 외롭고, 살림을 많이 하지는 않지만 카페같이 넓고
아늑한 주방은 모든 여자들이 꿈꾸는 공간인 것 같다는 바람도 내비쳤다. 그
래서 주방 옆에 붙어 있는 작은 방의 벽을 허물고 서재를 겸한 널찍한 다이닝
룸을 만드는 대대적인 구조 변경 작업이 이루어졌다. 생각해보니 굳이 방이 세
개나 있을 필요가 없고, 집에서 자주 밥을 해 먹지 않기 때문에 조리대 등 부
엌 시설을 주방 중심에 배치하지 않아도 되었다. 오히려 게스트하우스나 레지
던스처럼 조리 시설을 감추고 싶었다.

화장실에 티크 소재로 만든 슬라이딩 도어를 설치했다. 문 바깥쪽 면에는 거울을 달아 외출 직전 편리하게
전신을 비춰볼 수 있게 했다.

디자이너는 다용도실을 확장해 자투리 공간을 확보하고 싱크대, 조리대, 냉장고 등 지저분해 보일 수 있는 각종 주방 제품과 세탁기를 모두 다용도실로 배치했다. 대신 주방에는 주연 역할을 하는 큼지막한 8인용 테이블을 가져다놓았고, 맞은편 벽에는 작은 텔레비전을 달았다. 66~99㎡(20평대) 집의 가장 큰 단점이 주방이 협소하다는 것인데, 방 하나를 포기하니 132~164㎡(40평대)에서나 볼 수 있는 널찍한 다이닝룸이 완성된 것.

조명 이야기도 빼놓을 수 없다. 혼자 사는 집인 만큼 안락함이 집 안 곳곳에 필요해 인테리어에 마술사와도 같은 조명등의 역할이 중요했다. 거실 한쪽 1인용 버터플라이 암체어 옆에는 플로어 스탠드로 안락한 공간을 연출했고, 거실 천장에는 총 여섯 개의 조명등을 달아 빛의 풍요로움을 즐길 수 있게 했다. 혼자 있을 때에는 은은하게 한두 개만 켜고, 손님이 오면 모두 켜 공간을 밝게 연출한다.

이 집은 나무, 돌 등의 자연 소재를 많이 사용했다. 고재古材는 차분한 분위기를 연출하지만, 작은 집에는 다소 무거워 보일 수 있다는 단점이 있다. 이러한 점을 보완하기 위해 원목을 얇게 켜 모서리를 둥글게 마감하는 등 디테일에 신경 썼다. 또 침실은 밝은 마감재를 사용해 넓어 보이게 했다. 바닥재는 화이트 하이글로시 타일을 시공했고, 벽면은 부분적으로 핑크색 페인트칠을 해 리넨 레이스 침구와 함께 로맨틱한 분위기를 자아낸다.

"일 때문에 집 안에 있는 시간이 적은 사람일수록 집을 잘 꾸며놓아야 할 것 같아요. 밖에서 에너지를 다 쏟고 집에 돌아왔는데 공간이 휑하면 허탈함이 더하겠죠. 저 역시 레노베이션 후 집에 머무는 시간이 좀 더 밀도 있어졌다고 할까요? 집에서 따뜻한 온기를 느끼며 온전한 휴식을 취할 때 방전된 에너지가 다시 충전되는 느낌이에요."

디자인과 시공 _ Design Partner 길·연(www.kilyeon.com)

1. 침실에는 과감히 메인 조명등을 생략, 기존 드레스룸을 없애고 침실 옆에 작은 파우더룸을 만들었다. 2. 다이닝 룸 맞은편에는 키 큰 수납장을 짜 넣어 소형 주방 가전을 깔끔하게 보관하도록 했다. 수납장 문에 흑 경을 붙여 은은하면서도 한결 주방이 넓어 보인다. 3. 드레스룸 특유의 답답함을 없애기 위해 밝은 연보라 컬러의 페인팅으로 마감하고, 시스템 행어 대신 앵글 수납장을 맞춤 제작했다.

Tip

내 작은 집 디자인 포인트	디자이너의 조언

걸레받이가 없다

천장 몰딩, 바닥 걸레받이가 없는 것이 이 집의 특징이다. 집이 한결 넓고 간결해 보인다. 걸레받이는 벽지 마감 시 반드시 있어야 하지만 페인트 마감에서는 굳이 필요하지 않다.

방마다 바닥재가 다르다

거실은 헤링본 패턴, 침실은 대리석 복합 타일, 드레스룸은 기존에 깔려 있는 합판 마루에 화이트 컬러의 페인트칠을 덧입혔다. 방마다 새로운 공간처럼 느껴져 오히려 색다른 멋이 있다. 다만, 바닥재를 모두 달리할 때는 침실 바닥이 화이트 컬러라면, 거실 바닥은 헤링본 마감이어도 벽면을 같은 화이트 컬러로 칠하는 등 어느 한 부분에서 통일감을 주는 것이 좋다.

구조를 획기적으로 변형하라

개수대·조리대 등 지저분해 보일 수 있는 것은 주방 뒤쪽에 배치한 후 중문을 달아 평소 사용하지 않을 때는 감쪽같이 감출 수 있게 한다. 다용도실과 베란다 등을 적극 활용해 획기적으로 구조를 변형하면 20평대 집에서 2평 정도 늘려 쓸 수 있는 공간이 나온다.

가구 배치의 고정관념을 깨라

작은 공간일수록 더욱 치밀한 공간 배치가 필요하다. 거실 양쪽 벽면을 한쪽은 소파, 맞은편은 텔레비전을 두는 자리로 한정 짓지 말 것. 거실에 텔레비전을 두지 않는다면 소파도 불필요하다. 1인용 혹은 2인용 의자면 충분하다.

라이프스타일에 맞는 가구를 선택하라

한정된 공간일수록 자신의 라이프스타일을 잘 파악해 기능적인 가구를 선택해야 한다. 큰 소파 대신 1인용 디자인 체어를 두세 개 정도 놓아 기분에 따라 옮겨 다니며 앉을 수 있도록 한다. 반면 식탁은 널찍한 것을 고르면 여러모로 활용도가 높다.

조명등은 소형 아파트의 분위기 메이커다

스위치 라인을 많이 잡아서 기분에 따라 밝기 조절을 할 수 있도록 조명등을 다양하게 만들어라. 거실 천장 양쪽으로 설치하면 손님을 초대했을 때, 혼자 책을 볼 때, 일을 할 때 등 상황에 따라 맞춤형으로 선택해 사용할 수 있다. 소형 평수의 집은 메인 조명 없이 간접조명만 설치해도 괜찮다.

하루의 피로를
씻어주는
전망 좋은 집

시간이 멈춘 듯 느긋하고 평화로운 분위기를 자아내는 동네, 종로구 계동. 레스토랑 '후스테이블'의 정기주 대표는 그간 갈고닦은 레노베이션 실력을 십분 발휘해 보다 현실적이면서도 감각적인 살림집 인테리어를 완성했다. 작은 빌라는 창덕궁 기와지붕을 앞뜰로, 인왕산 자락을 뒤뜰로 품고 있다.

정기주 씨와 아내 김숙경 씨, 아들 시후 군. 주방은 응접실을 겸한 공간으로 사용한다.

문틀 위에 선반을 달아 소품을 장식하고 조명등을 짧게 매치해 감각적인 뷰 포인트가 되었다.

계동의 고즈넉한 골목길 빌라 1층에 자리 잡은 레스토랑 '후스테이블'은 음식 맛도 일품이지만 갈 때마다 조금씩 바뀌는 인테리어가 더욱 흥미를 불러일으키는 곳이다. 복작복작한 오픈 키친을 지나 다락방을 연상시키는 작은 홀, 그리고 계단을 올라 야외 테라스까지. 소박한 선반에 놓인 갖가지 소품들, 꼬마가 그린 그림과 음식 사진이 곳곳에 걸려 있는 공간은 안으로 들어설수록 이곳저곳 둘러보는 재미가 쏠쏠하다. 더욱 놀라운 점은 시골 창고 같은 이곳의 정감 가는 인테리어가 모두 주인장 정기주 씨의 솜씨라는 것이다. 레스토랑 자리는 원래 가구 디자인을 전공한 그의 나무 작업실이었는데, 2년 전 손수 개조해 레스토랑 후스테이블을 완성했다. 그뿐이 아니다. 후스 테이블 2호점 오픈에 이어 자그마한 살림집까지 손수 레노베이션했으니 그가 두 팔 걷어붙이고 고쳤다는 주거 공간의 인테리어가 궁금해지는 것은 당연하다.

냉장고 하나 힘줬을 뿐인데

"집요? 레스토랑과 정반대예요. 레스토랑은 상업 공간이고, 워낙 많은 사람이 오고 가니까 재미를 주기 위해 빈티지를 콘셉트로 꾸몄다면, 집은 최대한 편안하도록 심플하게 디자인했어요. 작은 집이라 화이트를 베이스로 깔끔하게 마감했고요. 정말 아무것도 없다니까요."

아무러면 아무것도 없을까 내심 기대하며 찾은 집. 먼저 현관문을 열자마자 '스메그' 냉장고가 시선을 사로잡는다. '누가 셰프 아니랄까 봐!' 정사각 타일로 포인트를 준 벽면에 밀크 컬러 스메그 냉장고와 아날로그 감성의 벽 시계는 이 집 인테리어의 화룡점정이라 해도 과언이 아니다. "레스토랑 주방에서 온종일 음식을 하다 보니 주방 정리 정돈은 자신 있죠. 특히 저희 집 부엌은 집의 첫인상을 결정짓는 공간인 만큼 늘 깔끔하게 유지하는 것은 기본, '포인트'가 필요했어요. 그래서 위시 리스트이던 스메그를 선택한 후 과감히 현관문 앞에 두었죠."

현관문을 열면 가장 먼저 만나는 주방. 이 집의 화룡점정은 정면에 떡하니 자리한 스메그 냉장고라 해도 과언이 아니다.

양문형 냉장고는 폭이 깊어 다른 주방 가구에 비해 앞으로 불쑥 튀어나오는
데 반해, 원도어형 스메그는 부피를 덜 차지해 좁은 공간에 안성맞춤이라는 것.
냉장고 속이 깊지 않으니 재료를 사다가 마냥 쟁여두는 일도 없고, 자주 정리
해줘야 하니 어떤 식재료가 남아 있는지 쉽게 파악할 수 있다. 역시 셰프다운
해법이다. 주방 싱크대 역시 보통은 일자나 ㄱ자형, ㄷ자형으로 배치하지만 정
기주 씨는 이열 평행으로 나란히 두고 쓴다. 좁은 공간에서 더욱 효율적인 동
선을 고려한 것으로 최소한의 조리대, 개수대, 냉장고를 나란히 배치하고 개수
대 뒤편으로 수납장 역할을 하는 하부장을 두었다. 유리잔이나 접시를 닦은
뒤 바로 뒤돌아 정리할 수 있어 꽤 편리하다. 또 집에서는 그리 거한 요리를 해
먹지 않기에 아일랜드 조리대와 오븐은 생략했다. 대신 확보한 공간에는 다이
닝 테이블을 여유 있게 배치했다. 집에서 두 번째로 전망이 좋은 창가에 심플한
디자인의 테이블을 두고 오렌지 컬러 펜던트 조명등을 늘어뜨려 작지만 멋스
러운 다이닝룸을 완성했다. 주방이면서 동시에 손님을 맞는 기능을 해야 하고,
평소에는 책상으로, 주말에는 가족의 아지트가 되기도 하니 전망 좋은 창가에
식탁을 배치해야 할 이유는 충분했다.

시후 군 방과 마주 보는 침실은 과감히 문을 생략했다. 침실을 지나 거실을 배치한 레이아웃도 재미있다.

하루의 피로를 씻어주는 전망 품은 집

"앗, 문은 어디 있나요?" 주방 옆 작은 통로를 지나자마자 오른쪽에 침실이 펼쳐진다. "워낙 집이 작기도 하고, 문을 열어놓고 사는 편이라 과감히 없앴어요." 그러고 보니 현관문도 가운데가 유리창으로 뚫려 있어 집 안이 훤히 들여다보인다. 온통 개방할 수 있는 이 여유로움은 가족의 특별한 라이프스타일에서 비롯된 것이다. 사실 정기주·김숙경 씨 부부는 부모님과 가정을 이룬 형제자매 모두 모여 살려던 오랜 계획을 실현했다. "2층은 아내의 여동생과 남동생 부부가 살고, 맞은편 집은 처가댁이에요. 계획한 것처럼 대가족이 모여 살기 위해 빌라를 통째로 레노베이션했죠. 빌라는 층마다 형태도, 평수도 모두 달라 레노베이션 과정이 복잡하면서도 재미있었죠. 가장 큰 집을 부모님 집으로 결정하고, 맞은편 작은 집을 저희 세 식구가 쓰는 대신 옥상으로 올라가는 복도를 시후 놀이방으로 꾸며 공간 활용도를 높였어요."

거실 창문 너머로는 창덕궁 기와 지붕이, 주방 창문 너머로는 인왕산의 능선이 펼쳐진다.

작은 집을 효율적으로 쓰기 위해 침실 안쪽 베란다를 확장해 거실로 꾸민 아이디어도 돋보인다. 2인용 소파가 맞춤 가구처럼 딱 들어맞는 '미니 거실'은 무엇보다 전망이 예술이다. 눈앞에 창덕궁 기와 자락이 파노라마처럼 펼쳐지는데, 이런 게 바로 한적한 계동길에 사는 묘미가 아닐까 싶다. 게다가 캔버스처럼 새하얀 공간, 심플한 원목 가구만 배치한 공간은 창밖의 풍경처럼 어디 한 군데 담백하지 않은 곳이 없으니 집의 '휴식' 기능은 200% 이상 만족시킨 셈.

"화장실이 현관에서 정면으로 보이는 구조라 문 디자인에 신경을 썼어요. 문이 아니라 벽이라면 과연 어떻게 했을까 생각하니 '선반'이 떠오르더라고요. 문틀 위에 작은 선반을 달아 목각 인형을 장식하고, 펜던트 조명등을 짧게 내려 달았더니 나름 멋진 뷰 포인트가 완성되었지요." 정기주 씨는 이처럼 꾸미고자 하는 완성 이미지가 어느 정도 머릿속에 그려져 있다면 굳이 디자이너를 통하지 않고 직접 목수에게 의뢰해 레노베이션을 진행할 수 있다고 조언한다.

공간이 좁은 만큼 화이트를 베이스로 컬러를 통일하니 어떤 소품을 두어도 잘 어울리고, 베란다를 거실로 활용해 멋진 조망이 덤으로 따라오는 등 '단점' 덕분에 오히려 개성 있는 인테리어를 완성할 수 있었다. 마지막으로 수납공간이 많지 않은데도 깔끔한 상태를 유지하는 비결을 묻자, 아내 김숙경 씨는 수납공간이 없으니 오히려 뭔가를 쌓아두고 살지 않아 훨씬 쾌적하다고 말한다. 정기주·김숙경 씨 부부의 살림 원칙 중 가장 중요한 것은 '필요한 만큼만 구입한다'는 것. 이처럼 생활을 불필요하게 살찌우지 않는 법, 생각보다 간단하지 않은가.

안방 침대와 서랍장, 거실 소파와 간이 티 테이블은 모두 이케아 제품. 조립하는 게 어렵지만 디자인이 심플해 작은 집에 매치하기 좋다.

시후 군과 사촌 동생들의 도서관이자 놀이터가 되는 옥상 계단.

1. 욕실을 확장하면서 시후 방 책상 벽면이 앞으로 튀어 나왔다. 문과 책상 벽면 사이의 깊이 차이로 생긴 자투리 공간에 장식장을 짜 넣었다. 2. 처가댁 인테리어도 정기주 씨가 디자인을 맡아 진행했다. 온 가족이 모여 식사할 일이 많은 거실에 특히 신경 썼다. 붉은 벽돌 마감으로 포인트를 주었다. 3. 시후 방 문의 농구 골대와 플렌스테드 모빌이 잘 어우러진다. 4. 미술을 전공한 아내 김숙경 씨의 작업실.

Tip

작은 소품을 활용하라

군더더기 없이 심플한 인테리어지만 유심히 살펴보면 아기자기한 소품이 많다. 여행을 좋아하는 부부는 여행지에서 구입한 작은 소품을 도드라지지 않게 의외의 장소에 숨겨놓듯 매치하는 것을 즐긴다. 레인지 후드 위에 올려둔 유리 호리병, 냉장고 옆면에 붙인 피겨 세트, 욕실 창가에 조르르 놓은 향수병 등이 그것. 심지어 화장실 문 위에도 선반을 달아 소품을 장식할 수 있도록 했으니 응용해보자.

불변의 진리, 상부장을 생략하라

싱크대 상부장을 생략하는 것은 아무리 강조해도 지나치지 않는 레노베이션 공식 중 하나다. 정기주 씨는 상부장 대신 하부장을 한 폭 더 주문해 병렬식으로 배치했다. 공간이 좁은 만큼 살림살이를 최소화해야 하는데, 그릇이나 유리잔, 냄비 등의 조리 도구는 딱 필요한 만큼만 갖추고 산다. 평소 갖고 싶은 것, 장식하고 싶은 것은 두 번 더 고민해 결정한다.

Fun하게
즐길 수 있는
키친 라이프

이 집은 참 작다. 실평수 52.9㎡(16평)으로, 요즘 대세라는 작은 집이다. 이 공간의 주연은 단연 부엌이다. 집 안에 '드림 키친'을 들인 퍼시스 그룹 소중희 본부장의 작은 집을 찾았다. 그에게 집은 놀이터다.

손님이 방문하면 손수 커피를 내려 대접하는 소중희 씨.

1. 둘이 서면 꽉 찰 정도로 좁은 ㄱ자형 주방의 상부에는 선반을 설치해 자주 사용하는 그릇을 두어 장식
효과까지 냈다. 2. 부부가 모두 커피를 즐겨 집에 있는 에스프레소 머신과 커피포트만 10여 개가 넘는다.

집 안에 카페를 들이다

집은 무엇과도 바꿀 수 없는 중요한 공간이다. 최초의 세계이자, 긴 세월 동안 사람의 몸과 마음을 감싸주는 삶의 보루였으니 의심할 여지가 없다. 집은 곧 사는 이의 라이프스타일을 반영하는 곳일진대, '나'는 쏙 빠지고 남이 부러워할 만한 집을 꿈꾸던 아둔한 시대도 갔다. 좋은 집이란 편안한 집이다. 그러니 굳이 넓을 필요가 없다. "아내와 둘뿐이니 큰 집을 욕심낼 필요가 없었어요. 작더라도 삶의 질을 높이고 유지하는 공간이어야 했지요. 어느 맞벌이 부부와 다를 바 없는 우리 부부의 생활 패턴을 가만히 들여다보니 해답은 간단하더군요. '집에선 둘이서 재밌게 놀자!' 집에 카페를 들이기로 한 거죠. 그래서 부엌에 공을 많이 들였어요."

요목조목 알차게 쪼개놓은 작은 공간에 널찍한 테이블만 하나 있는 카페를 연상시키는 이 집의 주인은 바로 퍼시스 그룹의 본부장 소중희 씨다. 사무 가구 브랜드 퍼시스, 의자 전문 브랜드 시디즈, 생활 가구 브랜드 일룸을 두루 섭렵한 그이니 당연히 거실, 침실, 서재 등으로 나눠 인테리어 쇼룸같이 꾸며 놓았을 줄 알았는데, 솔직히 의외다. 부엌이 중심인 그의 집은 '집에서 만큼은 먹고 놀고 쉬겠다'는 의지를 고스란히 표현한 듯하다. 하기야 요즘은 여자만의 공간이던 부엌이 생활 보조 공간에서 탈피해 가족 구성원에 따라, 취향에 따라, 라이프스타일에 따라 유연하게 대처하며 공간의 주인공으로 등극하지 않던가.

가리모쿠 테이블과 그가 아끼는 의자가 놓인 다이닝룸.

"공간이 넓었다면 거실에 소파도 놓고 커다란 책상을 둔 서재도 따로 마련했겠지만, 그래도 역시 부엌에 가장 공을 들였을 거예요. 동서양을 막론하고 예로부터 온 가족이 모이는 집 안의 구심점은 식탁이 놓인 부엌이니까요. 아늑하고 효율적인 집의 중심이 부엌인 것이 이상할 게 없지요." 집의 테마를 노는 곳으로 잡고, 그는 아내와 함께 서울 곳곳의 작은 카페를 찾아다녔다. 그러곤 집에 접목했다. 작은 집의 경우 대부분 부엌과 거실이 일자형 구조인데, 거실과 부엌을 억지로 구분하지 않고 하나의 공간으로 디자인 콘셉트를 통일했다. 아일랜드 작업대가 부엌과 거실을 구분하면서 연결하는 역할을 한다. 그래서 요리를 하는 조리대 역할보다는 카페의 바bar처럼 즐길 수 있도록 연출하고, 거실에는 널찍한 테이블만 두었다. 마치 가정식 요리를 하는 요즘 핫한 카페를 보는 듯하다.

"이 테이블이 책상이자 식탁이에요. 식사도, 작업도 모두 이 테이블 하나로 해결합니다." 그렇다고 작업실로서 부엌의 기능에 소홀한 것도 아니다. 물과 불을 동시에 사용하는 공간이자 요리에 필요한 각종 기기로 가득한 곳인 만큼 기능성과 효율성에도 신경 썼다. 흔히 작은 집의 부엌은 좁은 일직선 공간에 개수대, 조리대, 가열대를 모두 배치하게 마련인데, 바처럼 이용하는 아일랜드 작업대에 가열대를 설치해 가장 효율적인 삼각 동선을 이루게 한 것이다. ㄱ자형 구조로 배치한 부엌을 침실 등 사적인 공간과 구분하기 위해 가벽까지 설치하니 그가 꿈꾸던 기능적인 유희형 부엌이 완성됐다. "애정을 들인 만큼 집에서 가장 애착이 가는 공간이에요. 라이프스타일을 그대로 반영한 곳이니 맞춤옷을 입은 것처럼 편하고, 내 맘에 쏙 드니 사는 즐거움도 커지는 기분이에요."

1. 다이닝룸에서 지인들과 와인을 즐기는 그는 와인 오프너 컬렉터이기도 하다. 2 소중회 본부장은 취미 생활로 목공을 즐기기도 한다. 이전에 사용하던 이케아 테이블로 직접 제작한 선반이 있는 미니 서재. 3. 다이닝룸의 테이블은 지인들과의 만찬 장소가 되기도 한다.

부엌은 사람의 마음을 울리는 공간

평생을 가구장이로 살아온 그가 부엌에 남다른 애착을 갖는 데는 이유가 있다. 인생역전을 이룬 곳이 부엌인 것. 꿈을 좇아 미국으로 유학까지 간 법학도이던 그가 선회해 비즈니스를 시작한 곳은 다름 아닌 한샘인테리어 보스턴 지사였다.

"이전에는 인테리어에 별반 관심이 없었어요. 유일한 연결 고리를 찾자면 홍보장교로 있던 군대 시절에 홍보관 공사 감독을 한 경험이 전부였으니까요. 원래 전공을 살려 법무팀으로 갔으나 아무것도 없는 황무지 상태이다 보니 영업 사원부터 해야 했어요. 한데 생각지도 못한 곳에서 재미를 찾은 겁니다." 생초짜이던 그는 상황별 영어 대본까지 만들어 달달 외우며 말 그대로 발로 뛰어 고객을 찾았지만 100일 가까이 아무 일도 일어나지 않았다. 그러다가 만난 첫 고객이 안드레 알버르그 할머니다.

그는 은퇴한 60대 초반의 싱글이었는데, 부엌에 대한 애정이 남달랐다. 여느 미국인처럼 은퇴 후 자신의 여생을 보낼 집의 부엌을 특별한 공간으로 만들고 싶어 했다. 위시 리스트는 세세하고 많은 데 반해 예산은 적어 전체 시공이 아닌 일부만 바꿔야 했기 때문에 베테랑들이 모두 기피하는 까다로운 고객이었다. "제게는 그간 몸으로 부딪치며 공부한 부엌을 처음으로 실현할 수 있는 귀한 기회였죠. 고객의 취향을 부엌에 고스란히 담기 위해 코디네이터를 자처했어요. 부엌이 완성되고 나서 알버르그 할머니가 꿈꾸는 드림 키친을 '비포&애프터' 콘셉트의 15페이지짜리 제안서로 꾸며 선물하면서 '내가 복권에 당첨되면 당신의 드림 키친을 만들어주고 싶다'며 감사의 인사를 전했더니 눈물을 보이시더군요. 그 순간 인생이 바뀌었어요." 작은 디테일의 위대함을 느끼는 순간이었다. 법학도로서 거대한 꿈만 꾸던 그가 구체적인 행복에 대해 생각한 것이다. 거대 담론을 버리고 나니 소소한 행복에 눈이 뜨였다.

1. 생면으로 만든 안초비 파스타. 2. 스파게티는 주로 생면을 직접 뽑아 먹는다. 3. 애플파이는 맛없는 사과 처리용으로 제격. 반죽을 하루 정도 냉장고에서 숙성시킨 후 사용하면 더욱 맛있다.

"미국인에게 부엌을 바꾼다는 것은 인생의 중간에 굵은 매듭을 한 번 짓는 시간이더군요. 일하느라 소원했던 가족을 이 공간을 통해 다시금 하나로 묶고자 했어요. 그들의 마음을 이해하면서 제게도 진정성이 생겼죠. 단순한 영업사원이 아니라 부엌을 설계할 줄 아는 인테리어 업자로, 완공이 되면 고객과 친구가 되어 있었어요."

부엌으로 사람의 마음을 울리는 공간을 만들고자 '비포&애프터'라는 이름의 회사도 차렸다. 그리고 제일 먼저 한 일이 요리를 배우는 것이었다. 부엌을 완성하고 나면 고객에게 기기들의 작동법도 알려줄 겸 하나의 퍼포먼스를 선물하고 싶었던 것. "간단한 스파게티와 애플파이가 주메뉴였어요. 5년간 53개의 부엌을 지으면서 이 음식에도 선수가 다 됐지요."

지극히 사적인 공간과 더없이 공적인 공간

본디 집이란 생활의 실마리가 되는 부분이 모이고 쌓여 완성되는 것이다. 주인의 개성과 취향이 더해져야 '집 같은 집'이 된다. "생활 패턴을 고려하지 않은 천편일률적인 인테리어는 시각 공해나 다름없어요. '거실에 소파를 둔다'는 고정관념을 깨고 널찍한 테이블을 놓아 다이닝룸 및 응접실로 꾸민 이유예요. 덕분에 지인들을 초대하는 일도 잦아졌어요. 갈 데 없던 친구들의 단골집이 된 거죠."

요리를 즐기는 데다 와인 오프너 컬렉터일 정도로 와인 애호가이고, 커피 내리는 도구가 종류별로 열세 가지나 있을 정도로 커피 마니아인 그의 집은 여느 맛집 부럽지 않다. 집은 그곳에 사는 사람을 닮는다더니, 그의 집에는 호기심과 상상과 취향이 고스란히 담겨 있다. 그의 말마따나 집은 라이프스타일을 반영하는 공간이며, 삶의 질을 구현하는 공간이니까. 공간 활용도 자유롭게 했다. 안방, 거실, 베란다라고 이름 붙은 공간을 굳이 지키려고 하지 않는다.

베란다에 다다미를 깔아 만든 프라이빗한 다실.

"우리 집은 사적인 공간과 공적인 공간으로 나뉘어요. 침실과 화장실, 드레스룸은 사적인 공간으로, 부엌과 테이블을 둔 거실은 공적인 공간으로 서로 침범할 수 없도록 일종의 설치를 했죠. 그러니까 가벽은 우리 집을 이루는 핵심 중 하나예요."

작은 집 인테리어라면 넓은 공간을 확보하기 위해 철거가 가능한 벽은 모두 없애는 것이 상식일진대 가뜩이나 좁은 공간에 가벽을 세우기로 결정하기가 쉽지는 않았다. 하지만 현관문만 들어서면 훤히 보이던 내부 공간이 가려지고, 가벽이 작은 통로를 만들어 들어갔을 때 오히려 집 안이 넓어 보이는 효과를 볼 수 있었다.

두 개의 방 중 하나는 드레스룸으로 쓰고, 하나는 침실로 꾸몄다. 공간별로 콘셉트를 확실하게 나눴기 때문에 침실에 여타의 가구나 물건을 들이지 않은 채 온전히 잠자는 공간으로 활용할 수 있었다. 가장 인상적인 것은 침실에서 연결되는 프라이빗한 다실茶室이다. 얕은 산을 낀 아파트의 전망을 최대한 살린 다실에서 그는 좋아하는 차도 즐기며 사색을 한다. "내 집에 다실을 갖추는 것도 오랜 꿈이었어요. 다실을 만들 공간이 없으니 베란다 공간을 활용했죠. 아파트에서는 베란다 공간이 다실과 궁합이 잘 맞아요. 조촐하게 자연을 느낄 수 있거든요. 소박한 다실에 앉아 주전자에 물을 끓이고, 다호에 따르고, 향기로운 찻잎 냄새를 맡다 보면 조급한 마음이 저만치 물러나 있고, 머릿속은 어느새 차 향기로 그득해지지요." 분위기를 더하려고 다다미도 직접 사다 깔고 계단식으로 연출했는데, 다다미 아래에는 취미로 즐기는 목공 장비를 보관해둔다. 다실 맞은편에 있는 미니 서재의 선반 책장은 이전에 쓰던 이케아의 식탁을 활용해 직접 만들었다.

1. 사적인 공간과 공적인 공간을 분리하고 수납공간을 감춰주는 슬라이딩 도어. 2. 호텔 객실을 연상시키는
깔끔하고 편안한 분위기의 침실.

"집은 일상의 쉼표가 되는 공간입니다. 그러니 집은 가장 귀한 곳이지요. 귀한 곳을 푸대접할 수 있나요. 먹고 사는 곳, 내가 사는 집에 대한 고민을 끊임없이 하고 돌본다면 어느 순간 완벽에 가까운 행복이 내 것이 되어 있을지도 모르지요."

집 안 곳곳에는 그와 동고동락해온 물건들은 물론, 외국의 벼룩시장에서 저렴하게 구입하거나 심지어 주워 온 것도 있다. 요즘도 주말이면 황학동 시장이나 장한평 고가구점 등을 찾곤 한다.

30평 작은 땅,
나를 닮은
집을 짓다

한적한 골목길을 들어서자마자 눈에 띄는 길쭉하고 뾰족한 삼각 지붕 집. 대지 면적 103㎡(31평), 건축 면적 59.85㎡(18평), 3층 구조로 1층은 남편 김철진 씨의 출판사, 2층은 사진 작업실(다목적실)과 주방, 3층은 네 식구의 주거 공간이다. 땅 찾기부터 완공까지 1년을 살아본 사람들의 리얼 코멘트를 들어보자.

부산에 사는 건축 사진가 이인미 씨 가족은 동래구 수안동에 작은 집을 지었다.

옥상을 포기하니 지붕 아래 아늑한 다락방이 생겼다. 메자닌 구조로 시공해 작지만 개방감이 느껴지고, 천창을 뚫어 채광이 좋다.

이인미 씨가 집을 지은 계기는 일본 여행길에서 우연찮게 본 작은 집 덕분이다. 집을 지으려면 최소한 40~50평 정도의 대지가 있어야 한다고 생각했는데, 도쿄의 그 집은 스무 평도 채 되지 않는 아주 작은 땅에 근사한 마당도 갖추고 있었던 것이다. 마침 출판사를 운영하는 남편 김철진 씨는 사무실 이전 계획을 세우고 있었고, 그 역시 아파트를 탈출하고 싶은 마음이 간절하던 터라 일은 일사천리로 진행됐다. 집 짓기 예산을 살고 있는 아파트 가격에 맞추고 나니, 남는 돈으로 살 수 있는 땅은 30평 남짓. 오래된 주택 지구가 있는 곳을 물색했고, 부동산에서 소개해준 첫 집의 대지가 딱 31평이었다. "우리의 눈높이는 이미 브랜드 아파트 인테리어에 맞춰져 있는데 블록을 쌓아 짓는, 이른바 집장사 집은 짓고 싶지 않았어요. 일본의 작은 집처럼 모던하면서도 차갑지 않고 아이디어가 풍부한 집을 고민했죠. 아무래도 설계와 시공이 중요해 평소 알고 지내던 후배 건축가 장지훈 씨에게 맡겼어요." 주택 '비온후'는 1층은 콘크리트 조로, 2~3층은 목조로 시공했다. 1층은 출판사, 2층은 사진 작업실과 다목적실, 3층은 네 식구의 주거 공간으로 구성했다. 사실 건물을 3층으로 올려 연면적(50평)은 일반 주택과 비슷하니 엄밀히 말하자면 이 집은 '30평 작은 땅에 지은 집'이라 정의할 수 있다.

1. 가운데 브리지를 두고 양옆으로 만든 다락방. 한쪽은 성민 군의 침실, 반대편은 성민 군의 책장 겸 다용도실이다. 2. 다락방을 함께 구성한 3층 주거 공간. 아들 성민 군과 남편, 친정어머니까지 네 식구가 살기에 충분히 넓다.

뾰족한 삼각 지붕이 인상적이다.

상상 속의 집을 구체화할 수 있는 방법이 삼각 지붕이었다. 건축비를 절감하려면 최대한 단순한 모양으로 최대의 효과를 내야 했다. 비용을 줄이려면 무엇보다 시공 기간을 줄여야 한다. 여유 자금으로 집을 한 채 더 지어서 들어가 살 수 있는 사람이 몇이나 되겠는가. 대부분 살던 집을 처분해야 하는데, 그러려면 집을 4개월 이내에 지을 수밖에 없다. 우린 다행히 땅을 구입할 여유 자금(1억 2천만 원)이 있었고, 은행에서 신축 자금을 대출 받아 시공비를 세 번에 나눠 지불했다. 대출금은 아파트 전세금을 돌려받아 일부를 갚았고, 아직 5분의 1 정도가 남아 있다. 장기적으로 남편 사무실 임대료라 생각하면 된다.

집을 지어 이사한다고 했을 때 주변 사람들의 반응은?

대부분의 사람이 걱정했다. 춥고, 쓰레기 버리기 힘들고, 치안 문제도 신경 써야 한다고. 그래서 집을 짓는 내내 모토가 '아파트에 사는 것처럼'이었다. 목조 주택은 단열이 좋아서 집이 따뜻하다. 3층에는 천창이 있어 종일 해가 잘 들고 겨울에도 따뜻하다. 다락방과 옥상은 선택 사항이었다. 남편은 옥상 정원을 원했지만 옥상을 포기하면 주거 공간에 메자닌 구조의 다락방이 생겨 시원하게 트인 공간감을 얻을 수 있었다. 나무 집이라 그런지 틈이 조금씩 갈라지고 합판 슬라이딩 도어는 틀어져 문이 잘 맞지 않는다. 지은 지 2년이 지나고 완전히 자리 잡았을 때 손보라고 귀띔하더라.

1. 주방에서 작업실을 바라본 모습. 합판 슬라이딩 도어를 열면 열린 공간이 된다. 2. 좁지만 내구성이 높은 철 계단을 오르면 2층 작업실이 나온다. 3. 현관에 들어서자마자 보이는 숲 사진은 이인미 씨 작품.

2층은 부엌이 반을 차지한다. 18평 주택에 있기에는 너무 큰 부엌이 아닌가?

우리 부부 둘 다 사람을 좋아해서 다목적 공간이 꼭 필요했다. 부엌과 작업실 사이에 합판 슬라이딩 도어를 설치해 사람들이 오면 완전히 열고, 작업할 때는 닫아 방처럼 쓴다. 아파트 살 때는 손님 오는 날이면 눈치가 보였는데, 층간 소음을 걱정하지 않아도 되는 지금은 스트레스가 없다. 24시간 중 잠잘 때 빼고 가족 모두 2층에 모여 있을 때가 많다.

집에 금속 소재가 많다. 파사드도 금속이고.

동네에서는 '녹슨 집'이라 부른다. 금속 작업은 조각가 박은생 씨가 참여했다. 건축가도 작가에게 맡기는 것을 재미있어 하며 흔쾌히 동의했다. 계단, 파사드 등의 작업을 부탁했다. 계단도 공간을 넓게 차지할 수 없어 벽에 철심을 박아 외부에서 조이는 방식을 택했는데, 계단을 산화 철판 소재로 마감해 자연스러운 느낌을 더했다. 테이블 한쪽 지지대가 멋진 다목적실 빅 테이블도 박은생 씨 작품이다. 1층 전면 책장은 설치작가 백성준 씨가 맡았다.

작은 땅에 집을 지으려면 수직 구조일 수밖에 없다. 생활하는 데 불편하지는 않나?

계단을 많이 오르락내리락하니까 불편하다고 생각했는데, 오히려 치매 예방에 도움이 된다. 한 번 내려올 때마다 다시 올라가는 일 없게 철저히 계획을 세워 모든 것을 준비해 내려오니까(웃음). 아이들은 뭐… 계단, 다락을 무조건 좋아한다.

1. 슬라이딩 도어를 사이에 두고 작업실(다목적실)과 주방이 마주한다. 2. 1층은 남편 김철진 씨의 출판사 '비온후'. 이웃집과 사생활 침해 문제가 생겨 남쪽으로 낸 창을 책장으로 가리고 담을 더 높이 쌓았다. 훗날 상황이 달라지면 오픈해 사용할 수 있다.

집에 큰 창문이 거의 없다. 밀집 지역의 건축 제한 때문인가?

사실 몇 년 전부터 이런 주택을 갖고 싶다는 생각을 많이 했다. 친한 친구 대여섯 명이 모여 같이 땅을 사서 같이 집을 짓자고 얘기했는데 일단 우리가 가장 먼저 사고, 마침 옆집이 나와 아는 작가 부부가 샀다. 마침 땅콩집이 유행이어서 친구와 집을 같이 지을까도 고민했던 터라 옆집 작가 부부와 마당을 공유하기로 결정했다. 신축할 때 주차장을 설치해야 하는 조항이 있어 주차장과 마당을 같이 구성하니 집이 남쪽으로 치우쳐 앉았고, 굳이 남쪽창을 크게 낼 필요가 없었다. 또 마당과 길가 쪽에서는 2층까지 다 들여다보이는 구조라 북서쪽 창도 가능한 한 작게 내고, 대신 창을 이곳저곳 많이 배치해 모자란 빛을 보완했다. 2층에서 작업할 때면 창문이 작아서 오히려 안정감이 든다.

건축주가 건축을 전공했으니, 건축가 입장에선 무척 까다로운 건축주였을 것 같다.

오히려 선택과 포기가 빨랐다. 일반적으로 "왜 안 돼?"라고 할 수 있는 부분도 빨리 포기하고(모든 문제는 예산에서 비롯되므로), 현장에서 어떤 문제에 봉착하면 유연하게 대처할 수 있었다. 집 짓기에서 가장 중요한 것은 선택과 포기다. '이왕이면'이라는 생각으로 하나 둘 욕심 내게 마련인데, '어떤 선택을 하더라도 후회한다'는 생각이 바탕에 있으면 과한 욕심을 부리지 않게 된다. 작은 집은 콤팩트한 규모만큼 부담도 적은 집이다. 감당할 만한 규모의 집에서 주택의 장점을 최대한 누리며 살 수 있는 것, 도심 속 작은 집의 가장 큰 장점이 아닐까. 예전 아파트와 같은 평수, 같은 돈으로 지었지만 삶의 크기는 확연히 달라졌다. 아, 더 나이가 들어 둘 다 일을 그만두면 1층에 카페나 국숫집을 차리고 싶다.

차 한 대 세울 수 있는 자갈 주차장, 자그마한 덱으로 이루어진 비온후 주택의 마당.

1. 2층에서 3층으로 올라오는 계단 입구. 컬러풀한 회화 작품으로 포인트를 주었다. 2. 사생활 침해 문제가 생길 수 있어 창문을 작게 제작했다. 3. '비온후' 주택은 출판 편집, 사진 등의 작업을 하는 근린 생활 시설이다. 4. 작업실에서 부엌을 바라본 모습. 부엌을 지나면 2층에서 3층으로 올라가는 계단이 나온다.

1. 평소에는 아일랜드 조리대 뒷면의 남는 공간에 끼워놓으면 깔끔한 이동식 수납장. 남편 김철진 씨가 목공으로 제작했다. 2. 주방 맞은편 다용도실. 다용도실도 남는 공간 없이 수납공간으로 활용했는데, 백미는 문 뒤편 수납장이다. 3. 문 뒤편 남는 벽면에 10cm 폭의 오픈 수납장을 세워 평소 자주 쓰는 조미료를 수납한다. 4. 좁은 공간에서는 이동하기 간편한 바퀴 달린 가구가 유용하다.

Tip

시공팀은 장거리, 설비팀은 근거리

이 집은 반은 서울 사람이, 반은 부산 사람이 지었다. 지역에도 물론 훌륭한 시공팀이 있지만, 소규모 타지 업체가 해당 지역의 수준 높은 시공팀을 원하는 일정에, 원하는 비용에 맞춰 일을 시키는 데는 어려움이 있으니 서울 등 장거리 시공팀을 선정하는 것도 방법이다. 반면 설비와 전기 등 살면서 사후 관리가 필요한 부분은 지역 업체에서 작업하는 것이 합리적이다. 참고로 재밌는 사실은 서울과 수도권 시공팀 노무비가 지방의 시공팀 노무비보다 대체로 저렴하다는 점이다.

편안한 마음 갖기

보통 설계와 인허가 기간을 3~5개월, 시공 기간을 4~6개월 정도 잡는다. 편차가 큰 이유는 건축주의 성향에 따라 협의에 필요한 시간과 진행 방식이 달라지기 때문이다. 또 완성한 후에도 끊임없이 유지, 보수하는 과정이 반복되므로 실제 1~2년은 집을 짓는다고 생각해야 마음이 편하다.

창고는 클수록 좋다

1층에 창고를 만들긴 했으나 책을 보관하니 금세 꽉 차버렸다. 다음에 또 집을 짓는다면 작업실 겸 창고를 추가로 만들고 싶다. 주택은 집주인이 직접 관리해야 하니 못을 박고, 자르고, 페인트칠을 하는 등 집에 필요한 것들을 손수 만드는 공간과 장비를 보관하는 공간은 필수다.

건축 노트

필지 종류 도시지역 내 제2종 일반 주거 지역
시공비 50평 기준 총 2억 4천만 원
땅 구입비 1억 2천만 원
기초 공사 철근 콘크리트조에 목조
외장 마감재 방부목, 산화 철판
건축 기간 2011년 5월~8월
설계와 시공 장지훈
(디자인 아뜰리에 비온후풍경 02-529-8040),
(주)다움건축 종합건축사사무소
(051-731-0061)

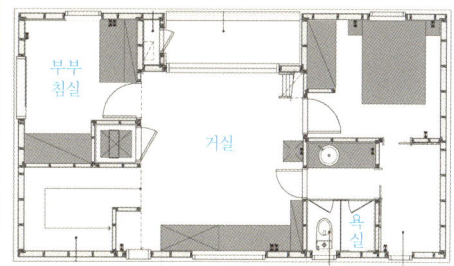

3F _ 55.53㎡(16평)

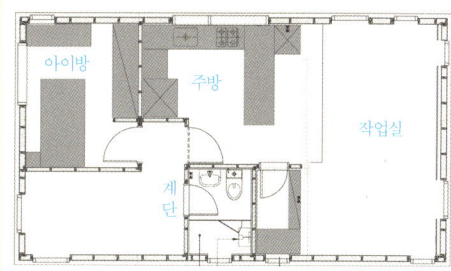

2F _ 59.85㎡(18평)

좋아하는 컬러를
대담하게
사용하다

: 개와 고양이가 함께 사는
24평 아파트 개조기

스무 평대 아파트가 좁다는 편견은 버려라. 공간에 대해 조금 더 고민하고 취향에 집중한다면 소형 아파트도 얼마든지 넓고 쾌적하며 세련되게 변모한다는 사실. 대형견 타이와 키시, 고양이 공주와 함께 사는 황철용·이유미 씨 부부의 아파트를 소개한다.

서비스 면적치고는 꽤 넓은 베란다를 확장하니 거실이 한결 넓어 보인다. 창가에 하얀색으로 통일한 테이블과 의자를 두어 다양한 용도로 활용한다.

1. 거실, 주방, 침실, 강아지 방, 서재로 구성한 24평 아파트는 모든 바닥재를 청소와 관리가 쉬운 화이트 폴리싱 타일로 교체했다. 2. 거실에서 바라본 주방. ㄷ자 형태의 아일랜드 조리대를 짜 넣으니 작업 공간으로 활용할 수 있다.

얼마 전부터 작은 아파트가 품귀 현상을 빚고 있다. 가족 구성원이 단출한 요즘, 큰 평수 아파트는 맞지 않는 옷처럼 관리하기 부담스러울 뿐. 이제 집의 넓이가 아닌 내 삶에 맞춘 집이 중요하기 때문이다. 7년 전 결혼한 황철용·이유미 씨 부부는 직장까지의 거리, 경제적 상황 등을 고려해 관악구 성현동의 79㎡(24평) 아파트를 보금자리로 삼았다.

집을 알아보러 다닐 때 가장 많이 들은 이야기는 "왜 하필 1층 집만 고집하느냐"였고, 대형견 두 마리와 함께 살 집이라고 부연 설명하면 그다음 반응은 "주택을 알아보라"였다. 정한 예산에 맞는 작은 평수에 전용 정원도 딸린 집을 어렵게 찾아 이사하니, 이번에는 동네 주민들에게 양해를 구해야 했다. "학창 시절부터 아프칸하운드종에 관심이 많아 전 미국을 수배해 타이를 얻었죠. 타이는 최초의 줄기세포 복제견으로 영국의 과학 전문지 〈네이처〉 표지에도 나온 유명 인사랍니다. 처음에는 거부 반응을 보이던 이웃들도 순하고 우아한 아프칸하운드의 매력에 푹 빠졌죠."

블랙 라인으로만 제작한 현관 가벽, 벽처럼 보이는 손잡이 없는 터치식 신발장, 헤이의 모듈형 소파 등 조금씩 다른 회색 톤을 매치해 담백한 스타일을 완성했다.

서울대 수의학과 교수로 재직 중인 황철용 씨는 아파트라는 한정된 공간에서 반려동물을 키울 때는 몸집보다 성향이 중요하다고 조언한다. 아프칸하운드는 리트리버종과는 달리 운동을 좋아하지 않는다. 가만히 앉아 있거나 자는 일이 일과의 대부분이고, 성질도 무척 순하다. 대신 1~2주일에 한 번씩 마음껏 뛰놀 수 있도록(30분 정도) 근처 운동장이나 공원 같은 곳에 데리고 가면 되는데, 이는 학교에 데려가 해결한다.

그래도 작은 애완견을 키우는 것과는 달리 신경 써야 할 것이 많다. 먼저 몸에서 털이나 분비물이 많이 나오기 때문에 시간이 지나면 벽에 거뭇거뭇 얼룩이 생기고, 원목 마루재는 분비물로 군데군데 썩게 마련이다. 신혼 때부터 6년간 살던 집은 이런 이유로 레노베이션을 대대적으로 해야 했고, 이유미 씨는 블로그에서 알게 된 인테리어 스타일리스트 김은정 씨에게 디자인과 시공을 맡겼다. "아이가 없으니까 라이프스타일에 변화가 없더라고요. 평수를 넓혀서 이사할까 고민하다 이 집이 가지고 있는 장점이 많으니 차라리 그 비용으로 고쳐서 살자고 결심했죠. 공간이 넓을수록 좋다는 건 잘못된 생활 습관과 고정관념에서 비롯한 것임을 아니까요. 저랑 남편 모두 정리 정돈 도사라 그런지, 이 집도 충분히 넓게 느껴져요."

1. 따뜻한 느낌이 드는 회색 벽지로 마감한 침실. 침대 옆에 조지 넬슨의 버블 등을 두었는데 그 자체로 포인
트가 된다. 2. 낮은 시선 효과. 액자는 벽에 기대어두면 공간감이 한결 살아난다. 3. 강아지 방은 벽도 타일
로 마감하고 띠 타일을 둘러 포인트를 주었다. 반려견 용품을 넣는 수납장을 제작해 실용적이다.

컬러 통일, 낮은 시선

집을 넓어 보이게 하는 인테리어 비법은 단연 컬러 통일이다. 폭이 좁고 긴 거실과 방 세 개로 구성한 구조, 1층이기에 자칫 어둡고 답답해 보일 수 있는 집은 전체적으로 화이트로 마감해 소형 아파트에서는 좀처럼 보기 힘든 확 트인 공간감을 자랑한다. 거실은 컬러가 다른 가구를 전혀 섞지 않고 화이트와 그레이로만 완성해 전체적으로 단순하면서 남성스러운 느낌이 콘셉트다. 특히 소파 맞은편 무지주 선반은 높이와 길이에 따라 공간 전체의 비례미가 달라져 전문가의 디테일이 중요한 아이템. 이유미 씨 집 거실에 연출한 선반은 TV나 전자 제품을 올리는 수납 역할보다는 장식 역할을 하는 요소인데, 일반 선반보다 폭을 좁고 길게 제작하니 공간에 확장감을 더해준다.

침실은 호텔 같은 편안한 느낌을 주기 위해 할로겐 등만 은은하게 연출했다. 바닥 타일의 차가운 느낌을 상쇄하기 위해 베이지가 가미된 회색 벽지를 바르고, 거즈 손수건 같은 성근 재질의 커튼을 이중으로 달아 로맨틱한 무드를 완성했다. 붙박이장이 있던 방을 서재로 사용하는데, 붙박이장 문짝은 하얀색 시트지로 래핑하고, 모듈 타입의 스트링 책상과 책장을 두어 북유럽 스타일을 연출했다.

이 집은 거실이나 방은 이미 확장되어 있었고, 주방을 ㄷ자 구조로 디자인하면서 뒤쪽 베란다만 확장해 낮은 수납장을 짜 넣었다. 욕실 천장은 낮고 답답해 보여 가능한 한 높이 올리고 간접 조명으로 단점을 보완했다. 사실 구조 변경을 하면 드라마틱한 변신을 기대하지만 비용도 비례해서 높아지게 마련이다. 컬러 매치에 따라, 가구나 조명, 가벽의 배치만으로도 공간의 쓰임새가 달라지는 것은 물론 시각적으로 한두 평 확장되어 보인다는 사실을 기억하자.

벽에 선반만 달고 뒤쪽 베란다를 확장해 수납장을 제작했는데, 회색 컬러로 통일해 자연스럽게 어우러진다.

소원 성취한 ㄷ자형 주방

이 집에서 가장 눈여겨볼 만한 인테리어는 뭐니 뭐니 해도 일반 스무 평대 아파트에서 만나보기 힘든 ㄷ자형 조리대다. 한 면은 개수대로, 또 다른 면은 조리대 겸 식탁으로, 한쪽에 인덕션 레인지를 놓아 사용하는 조리대는 식탁을 따로 놓을 필요가 없고, 평소에는 책상처럼 활용한다. 또 아래의 수납장만으로도 두 식구가 사용하는 식기를 충분히 수납할 수 있어 상부장을 없앴더니 결과적으로 집이 훨씬 넓어 보인다. 디자이너 김은정 씨는 작은 아파트일수록 주방 디자인이 중요하다고 조언한다.

어차피 작은 공간이라면 누군가에게 넓어 보이기 위한 디자인이 아니라 부엌 용도에 맞게, 또 다양한 일을 할 수 있도록 쓰기 편한 구조로 만드는 게 포인트다. 보통은 답답하거나 좁아 보이지 않을까 걱정을 많이 하는데, 이유미 씨는 디자이너의 제안을 흔쾌히 받아들였고, 지금은 부엌이 대부분의 일을 하는 메인 공간이 되었다. "제가 주부이다 보니 공간을 디자인할 때는 실용적인 부분을 먼저 생각하게 돼요. 디자인보다 앞서 수납이나 동선의 불편함을 해결해야 하죠. 이유미 씨 또한 주부이기 때문에 서로 공감하는 점이 많았어요. 부엌 소품이나 그릇 중 2년 정도 쓰지 않는 물건은 가차 없이 정리하고, 밥솥 같은 전자 제품과 자주 쓰지 않는 그릇을 둘 수납장을 곳곳에 넉넉히 계획했죠."

단, 수납장을 짤 때는 한 가지 톤을 사용하는 게 좋다. 그래야 공간이 정리되어 보이고, 거기서부터 작은 집 디자인이 시작되는 셈이다. 쉽지 않은 반려동물과의 동거, 모든 것이 세팅된 듯 완벽하게 정리 정돈하고 사는 바지런한 생활 습관… 취향과 긍정적 삶의 태도가 버무려지니 79㎡ 아파트가 좁기는커녕 넓고 깊고 시크하기만 하다.

정사각 화이트 무광 타일로 개성을 더한 욕실. 천장이 낮아 한쪽을 확장하고 매입 조명등을 설치했다.

1. 스무 평대 집의 로망, ㄷ자형 조리대. 아일랜드 아래쪽에 수납장이 충분해 상부장을 없애고 선반만 달았더니 한결 시원해 보인다. 2. 아파트는 저층일수록 천장고가 낮은데 1층이라 전체적으로 어둡고 답답해 보여, 곳곳에 벽등을 매치해 포인트를 주었다. 3. 모듈 타입 스트링 선반장으로 서재를 꾸몄다.

1. 화이트-그레이-블랙이라는 통일감 있는 컬러 매치로 작지만 시크한 인테리어를 완성했다. 2. 덩치 큰 가구 대신 모듈 타입 스트링 선반장으로 책상과 책장을 구성했다. 3. 수납과 장식의 경계가 없는 거울. 필요한 물건은 침실 화장대에 두고, 쓸 때마다 가져가는 것 역시 정리 정돈 습관에 도움이 된다. 4. 길게 늘어지는 펜던트 조명등 대신 LED 할로겐등으로 천장 라인을 깔끔하게 마감했다.

Tip

작은 평수 아파트에 가벽을 세우면 집이 더 좁아보이나?

사람들 대부분이 단순하게 가벽을 세우면 집이 좁아보인다고 생각하는데, 양쪽 벽으로 수납장이나 가구를 배치하거나 하나의 방을 두 가지 용도로 쓰는 등 가벽을 세우면 공간 분할과 쓰임에 더 효과적이다. 요즘 가벽은 강화유리나 부분 창문을 적용한 것이 많아 답답하지 않게 공간을 분할할 수 있다.

무조건 밝은 컬러만 사용해야 하나?

평수가 작으면 무조건 화이트 가구에 컬러가 밝은 마감재를 사용하는 것이 좋다고 이야기하는데, 이는 고정관념이다. 어두운 컬러라도 톤을 유지하고 톤이 같은 가구로 통일감을 주면 좀 더 세련된 느낌으로 꾸밀 수 있다.

개조 비용

기초 공사 2백 60만 원

원목공사 4백 30만 원

창호 8백 10만 원(창호 교체비 포함)

타일 1천 10만 원

전기 공사 4백 70만 원

수납장 3백 68만 원

욕실 5백 20만 원

주방&기타 가구 1천 62만 원

잡비 1백 70만 원

총 금액 5천 1백만 원

디자인 및 시공 김은정

(blog.naver.com/0612kim)

경계를 허물면
답이 보인다,
작지만 알찬 땅콩집

: 한 필지 반으로 나눠,
수직으로 면적을 넓히다

서로 길쭉한 땅 위에 작지만 알찬 땅콩집이 들어섰다. 2012년 2월 이곳으로 이사 온 이준노·조혜전 씨 부부와 조봉열·구순혜 씨. 부부는 뒷마당을 나눠 쓰며 이 시대 새로운 형태의 가족 공동체로 살아가고 있다. 한 필지를 반으로 나눠, 수직으로 면적을 넓힌 집에서 생활의 만족도를 높이고, 자연 친화적인 삶을 누리는 두 가족의 이야기를 만나보자.

땅콩집은 땅콩껍질 안에 땅콩이 붙어 있는 모습처럼 소형 단독주택 두 채를 나란히 붙어 지은 집이다.

일러스트레이션 _ 김은어

현관을 오가며 발생하는 소음 피해를 막고, 동서로 긴 구조상 마당으로 통하는 길을 내기 위해 두 집의 현관은 반대 방향으로 냈다.

우리도 집 지어볼까?

몇 년 전, 이준노 씨 부부는 아이 친구 집에 초대받아 가족 동반 저녁 식사를 했다. 그곳은 이집소 이현욱 소장의 집이었는데, 식사 내내 건축 얘기가 오가다 '우리도 집 지어볼까' 하는 막연한 생각에 다다랐다. 그리고 재작년, 조금은 갑작스레 이 생각을 실행에 옮기게 됐다. 부부가 땅콩집 건축을 결심하고, 누구와 함께 집을 지을까 고민하며 염두에 둔 부분은 신뢰도였다. 남편 이준노 씨와 고등학교 시절부터 친구인 조봉열 씨는 막역한 우정만큼 서로에 대한 신뢰가 두터웠고, 땅콩집을 함께 짓자는 제안에 흔쾌히 수락해 일사천리로 땅을 알아보고 이현욱 소장에게 설계를 맡겼다. 벽 하나를 사이에 두고, 같은 반경에서 생활하는 땅콩집은 서로의 삶에 대한 배려와 협력이 필요하다. 이현욱 소장 부부는 땅콩집에서 살며 불편을 느낀 부분에 대해 세심하게 이야기해주었고 생활 밀착형 조언은 공간을 구성하는 데 도움이 되었다.

1. 해가 잘 드는 남향으로 큰 창을 낸 거실은 곧바로 뒷마당과 연결되는 공간이다. 2. 지하 차고. 공구나 캠핑용품, 취미 생활용품 같은 덩치 큰 제품은 모두 이곳에 보관한다.

서쪽, 성민이네 집 _ 라이프스타일을 고려한 맞춤 설계

대지 70평, 각각의 집은 층당 16.9평이다. 일반 땅콩집에 비해 두 평쯤 넓은 크기로 지하 주차장과 다락까지 합치면 총면적 70평 정도. 설계 전, 각 가정의 구성원과 라이프스타일을 고려해 저마다 요구하는 바를 설계사 측에 세세하게 이메일로 전달했다. 방 개수와 주방, 화장실 구조, 다락방 활용법 같은 부분을 설계에 적극 반영해 두 집 모두 한 치의 부족함 없이 만족도가 높은 집을 완성할 수 있었다. 지하 주차장과 다락 설계는 같은 구조로 하고, 뒷마당은 공유했다. 지하는 차고로 만들어 주차 시 날씨의 영향을 받지 않고, 공구나 취미용 생활용품을 수납하기 편하며 혼자만의 작업 공간에 대한 남편들의 로망까지 실현했다. 두 집의 현관은 반대 방향으로 냈다. 현관을 오가며 발생하는 소음 피해를 막고, 동서로 긴 구조상 마당으로 통하는 길을 내기 위해서였다. 운치 있는 박공지붕 다락방의 벽면 모서리는 데드 스페이스가 되기 쉬운데, 여기에 미닫이문을 설치해 드레스룸으로 사용한다. 가장 신경 쓴 부분은 방음이다. 한쪽 벽면이 맞닿는 땅콩집의 특성상 사생활 보호와 소음 방지를 위해 벽면 사이에 OX 형태로 엇갈린 구조의 합판을 대고, 스튜디오 바닥 공사에 사용하는 고무를 붙였다. 일반 땅콩집은 벽 사이를 멀게 해 40cm 두께의 벽을 설치하는 반면 이 집은 마감재를 보강하는 방법을 통해 25cm 두께지만 소음을 완벽하게 차단한다.

1, 2. 다락방은 부부의 서재와 아이들 공부방으로 공간을 나눴다. 안쪽에는 책을 좋아하는 두 아이를 위해 책장과 키보드, 장난감을 놓고, 바깥쪽에는 긴 테이블을 배치해 작업실로 사용한다. 3. 1층 주방. 주방 살림 살이가 노출되지 않도록 아일랜드에 턱을 만들어 시각적으로 깔끔한 조리 공간을 완성했다. 4. 욕실 하나 를 가족이 나눠 쓰도록 세면대 두 개를 설치했고, 미닫이문을 열면 변기와 샤워 부스가 있다.

오밀조밀 구성한 가족 각자의 공간

이준노·조혜전 씨 부부는 집을 짓기 전부터 이현욱 소장 부부와 알고 지낸 사이라 땅콩집에 대한 많은 이야기를 들을 수 있었다.

1층에 화장실과 다용도실이 없는 불편함이나 다락에 아이 방을 만들었더니 혼자서는 무서워서 올라가지 않는다는 식의 생활 밀착형 조언이었다. 이 집은 아이 둘 다 초등학생이고, 남매 각자의 방이 필요했기 때문에 2층에 방 세 개와 욕실 하나를 배치했다. 부부의 침실에는 침대와 옷장만 놓을 계획이라, 안방이 작더라도 아이 방 면적을 넓게 설계해달라 요청했다. 남편의 출근과 아이들 등교 준비 시간이 겹쳐 욕실엔 세면대를 두 개 놓고, 사용 빈도가 적은 욕조 대신 미닫이문으로 변기와 샤워 부스를 분리해 한 번에 세 명이 함께 사용할 수 있는 욕실을 만들었다. 다락방은 부모와 아이의 서재를 분리해 각자 책을 읽거나, 작업에 몰두할 수 있도록 구성했다. 집을 짓는 과정은 남편들의 주도하에 아름다움보다 실용적이고 합리적인 설비를 강조했다. 단열을 위해 3중 단열 창호를 사용하고, 계단을 오르는 길과 집 안 곳곳에 창을 내 채광이 잘되게 했다. 계절과 날씨에 상관없이 24시간 환기가 가능하도록 ERV 시스템을 들여, 창문을 열지 않아도 늘 정화된 공기 속에 생활할 수 있도록 설비했다. 지난 겨울 난방비로 15만~20만 원 정도 지출했다. 10만 원 정도 보안업체 사용 요금을 내지만, 이전 아파트 관리비와 비교하면 금액이 좀 줄었다.

1. 동쪽 집에 살고 있는 조봉열·구순혜 씨 부부와 재균이, 용균이 가족. 2. 두 집의 차이점 중 하나는 주방 구조다. 구순혜 씨는 ㄷ자 형태로 주방 가구를 설치하고, 가구와 다용도실 크기를 작게 해 거실 사용 면적을 최대로 넓혔다. 3. 2층에는 방 두 개와 욕실 하나를 배치해 형제가 함께 방을 쓴다.

동쪽, 재균이네 집 _ 마음껏 뛰놀 수 있는 가족 공간

조봉열·구순혜 씨 부부에겐 여덟 살과 네 살 된 아들이 있다. 한시도 가만있지 못하는 아이들에게 주택은 마음껏 뛰어놀 수 있는 놀이터다. 아파트에 살 때는 층간 소음에 예민한 탓에 아이들이 뛸 때마다 신경이 곤두섰지만, 이곳에 이사 온 후 큰 걱정이 줄었다는 아내 구순혜 씨. 형제간 돈독한 우애를 위해 앞으로도 침실을 같이 사용했으면 한다는 부부는 2층 공간을 구상하며, 방 두 개와 욕실 하나를 배치했다. 넓고 긴 형태의 방은 아이들 침대 두 개를 놓기에 충분했고, 부부 침실에는 방문을 중심으로 침대와 책상을 놓아 서재를 겸하도록 했다. 전망 좋고 넓은 아파트를 드림 하우스로 꿈꿨다는 그녀는 이사 전 걱정이 태산이었다고 고백한다. 공사를 시작한 땅을 보니 이렇게 작은 면적에서 어떻게 살겠나 싶고, 주변에서 주택은 아파트에 비해 청소와 보안 문제가 있으며 관리비가 많이 나온다는 얘기도 많았다. 1년의 생활을 되짚어보니, 모든 것은 기우에 불과했다. 쓰레기는 별도의 요일이 정해져 있지 않고, 버리는 곳까지 동선이 짧아 전보다 훨씬 편했다. 담장 설치가 금지되어 집 주변에 사각지대가 없고, 공공 감시 카메라와 개별 계약한 보안업체를 통해 오히려 안전함을 느낀다고 한다. 작지만 뒷마당이 있는 집으로 이사 온 뒤 아이들이 밖에 나가 노는 시간도 늘었다. 촬영 전날에는 차고 문을 열고 아이들과 나란히 앉아 촉촉히 내리는 봄비를 감상하는 운치 있는 생활을 즐긴다.

1. 2층에 자리한 형제의 방. 2. 다락방은 두 아이를 위한 놀이 공간이다. 벽면 모서리에 미닫이 문을 설치해 드레스룸으로 활용하고 있다. 3. 직사각형 구조의 2층 부부 침실. 해외 지사 업무로 인해 밤 시간 작업할 일이 잦아 침대 반대편에 책상을 놓아 서재를 겸한다.

만족도 100점짜리 집에 사는 두 가족은 무엇보다 집이 위치한 서판교는 서울과 가까운 지리적 편의성과 함께 전원생활을 누린다는 부분에 만족감이 크다. 서로의 라이프스타일을 존중하고, 방해하거나 방해받지 않는다는 두 가족. 주변 30평대 아파트 시세와 투자 비용을 비교하니 비슷한 선의 금액이 나왔다. 1·2층을 합한 30평대 주거 공간과 개인 주차장, 다락방과 함께 주변의 자연환경과 주택이 주는 즐거움까지 누리는 두 부부는 땅콩집을 통해 숫자로 계산하지 못할 큰 이유를 남겼다.

공간을 오르내리며 자연스럽게 운동이 되는 계단.

Tip

수직으로 넓은 집, 이래서 좋다

공간이 분리돼 부모와 아이 각자의 시간을 가질 수 있다. 아이들을 키우다 보면 하루 종일 엄마의 시선은 아이들만 따라다닌다. 다락방을 놀이터 삼은 아이들은 집 안에 있어 걱정할 일이 없으니, 편한 마음으로 TV를 보거나, 책을 읽는 등 여유로운 부모만의 시간을 가질 수 있다.

쿨하게 나누고 쿨하게 함께 살기

설계 단계부터 사소한 것에 트러블이 생길 수 있어 긍정적 마인드는 기본이다. 모든 과정이 비용과 연결되는 만큼 나눠야 하는 모든 것은 비용으로 계산하자는 원칙을 세웠다. 이 집 땅은 마름모꼴 형태여서 동쪽 집의 마당이 더 넓다. 두 집 모두 이곳을 원했고, 이런 충돌 상황에선 비딩bidding을 통해 의견을 조율했다. 서로 금액을 제시한 결과 조봉열 씨 부부의 원하는 바가 커, 일정액을 상대에게 지불하고 동쪽 집을 택할 수 있었다.

건축 노트

필지 종류
판교 택지지구 내 주거 전용 단독주택지

시공비
연면적 70평(시공비는 다락, 지하 주차장 평수까지 포함된다. 1·2층 평수는 33평), 2억 5천만 원

땅 구입비
3억 1천만 원(70평, 6억 2천만 원)

기초 공사
철근 콘크리트 기초 + 지하 주차장, 1·2층 목조

외장 마감재
KMEW 세라믹 패널, 아연 도금 컬러 강판

건축 기간
2011년 10월~2012년 3월

설계
(주)이집소 이현욱(02-2026-2561)

87

한 공간에
두 기능을 부여한
옹골찬 아파트

: 쪼개고 나눠
부실별 기능을 극대화한 멀티 공간

결혼 4년 차 부부의 두 번째 집을 찾았다. 같은 아파트 단지 내에서 이사하며 그간 피부로 느낀 장단점을 고려해 과감하게 동선을 변경하고, 수납에 힘을 실어 효율성을 높인 집. 작은 집을 쪼개고 나눠 부실별 기능을 극대화한 멀티 공간이다.

인테리어 스타일리스트인 집주인 장준은 씨. 오래된 아파트를 새집처럼 연출하기 위해 동선과 수납 공사에
투자하고, 가구 수를 줄이는 대신 소품에 힘을 실어 개성 넘치는 공간을 완성했다.

1. 거실 겸 서재로 사용하는 작은방. 다양한 가구와 소품을 두고 생활하는 공간이 복잡해 보이지 않도록 강렬한 다크 레드 컬러 벽지를 선택해 시선을 주목시킨다. 2. 침실은 붓으로 섬세하게 터치한 듯한 디자인의 벽지를 시공해 은은하고 감각적인 포인트 역할을 한다.

레노베이션에서 가장 중요한 일은 공간을 이해하는 것이다. 결혼 4년 차 최장성·장준은 씨 부부의 두 번째 보금자리는 3년 동안 살던 아파트와 같은 단지 내에 있는 실평수 17평 아파트. 서초구 방배동에 있는 69.5㎡(21평) 아파트는 지은 지 25년이 지난 오래된 곳으로 시설이 노후해 흠을 찾자면 마음 쓰이는 부분이 많았다. 하지만 이전 집에 살면서 공간의 장단점을 잘 알고 있었기에 효율적이고 체계적인 보수가 가능하다는 자신감이 있었고, 이는 집을 매입하는 데 결정적 요인이 됐다.

벽을 철거하거나 가벽을 세우는 것은 레노베이션에서 가장 부담스러운 일인 동시에 효율적인 동선을 위한 중요한 작업이다. 오래된 복도식 아파트의 전형 같은 기존 구조는 주방 겸 거실이 있고, 침실과 작은방이 나란히 위치했다. 현재 신발장이 놓인 곳이 현관 진입로로, 집에 들어서면 마치 원룸처럼 공간 전체가 다 보이고, 침실을 정면으로 마주해 갑작스러운 택배나 방문객이 올 때면 난감한 적도 많았다고. 진입로의 위치와 무의미한 좁은 통로는 동선을 얽히게 만들었고, 효율성을 떨어뜨려 이사 전부터 전반적인 레이아웃 개선에 집중했다. 현관 정면의 벽을 헐고 왼쪽에 가벽을 세워 입구 방향을 변경하고 나니 현관에서 바라보면 주방의 일부가 보이고, 오른쪽에 욕실 문이 위치한 지극히 평범하고 편안한 동선이 완성됐다. 거실 겸 서재로 쓰는 작은방은 기존에 양문 미닫이문이었는데, 큼직한 문이 공간만 차지하고, 방이라기엔 형태가 어설펐기에 문 한쪽 면을 막아 가벽을 세웠다. 덕분에 싱크대와 이어진 ㄱ자 형태의 주방 가구를 설치할 수 있었고, ㄷ자 형태로 아일랜드 수납장을 두고 나무 상판을 올리니 여덟 명은 충분히 앉을 수 있는 큼직한 테이블이 완성됐다.

침실 입구 옆 좁은 벽면에는 무지주 선반을 달고, 거울로 마감한 수납장을 설치해 미니멀한 파우더룸을 연출했다. 거울 위쪽에 같은 소재의 시계를 붙이고, 패턴 강한 스툴을 놓아 공간에 위트를 더했다.

완벽한 직선 구조의 주방을 만들고 나니 맞은편 침실로 향하는 통로에 여유가 생겼다. 침실 한쪽 벽면에 붙박이장이 있지만 자주 입는 옷은 꺼내두고 싶었고 기존의 화장대를 없앴기에 미니 파우더룸이 필요했다. 이곳을 오픈형 드레스룸으로 만들기로 결정했다. 현관 신발장 맞은편에 키 큰 수납장을 제작해 넣고, 창문으로 들어오는 볕은 그대로 유지하고 공간만 분리하도록 ㄷ자 형태의 가벽을 도톰한 두께로 시공해 선반 겸 하부 수납 기능을 더했다. 창문과 침실 입구 사이 좁은 벽면엔 무지주 선반과 거울 도어의 붙박이장을 짜 넣어 실용적인 화장대가 탄생했다. 거실 겸 서재와 연결되는 베란다는 폭이 넓지 않아 확장해도 큰 효과를 볼 수 없었고, 배관 시설이 도드라져 보이는 점 등을 고려해 단열재 보강과 새시 시공, 타일 공사 정도만으로 마감해 미니 정원 겸 빨래를 너는 공간으로 삼았다. 작지만 알차고 완성도 높은 각각의 공간은 몇 개의 가벽을 세우는 작업을 통해 가능했다. 하드웨어 변경에 중심을 두고 이사 전부터 철저하게 계획을 세운 부부는 모든 시공과 마감을 2주 만에 완성했다.

여덟 명은 족히 앉을 수 있는 테이블을 놓아 조리 공간을 넓히고, 수납 기능을 강화한 ㄷ자형 주방.

차고 넘치는 짱짱한 수납공간

작은 집 인테리어에서 비움의 미학도 중요하지만, 부부는 각자의 라이프스타일에 불편함이 없도록 다양한 기능을 갖춘 집을 원했다. 좁고 애매한 공간은 과감히 없애고, 대신 한 공간에 두 기능을 부여함으로써 다재다능한 멀티스페이스를 연출하고 싶었던 것. 이 집의 중심이 되는 주방은 30평대 이상에서나 시도하는 ㄷ자형 주방 가구를 배치해 대부분의 살림살이를 수납하는 장소가 된다. 주방이 차지하는 비중이 크다 보니 집의 첫인상은 좀 답답해 보일 수 있지만 손님 초대하기도 편하고, 그간 늘어난 짐에 치일 일 없어 살수록 만족하는 공간이다. 지난 몇 년 동안 겨울철 우수관이 얼어 빨래할 때 애를 먹었기에 이사하며 꼭 챙긴 것은 빌트인 세탁기였다. 베란다에서 주방으로 옮긴 세탁실 덕분에 이젠 계절에 상관없이 빨래할 수 있고 베란다도 넓게 활용할 수 있다. 방마다 컬러 변화를 줬지만, 주방 맞은편 오픈형 드레스룸과 침실 붙박이장 같은 수납장은 화이트 컬러로 통일해 깔끔함을 유지했다. 대신 가리는 것과 드러내는 것을 적절하게 균형을 이루고자 선반을 설치해 그간 수집한 각종 인테리어 소품으로 아기자기하고 유니크한 개성을 더할 수 있었다. 현관부터 베란다 뒤편까지, 목공사하는 날 필요한 선반을 짜 넣고 공간 크기에 비례한 맞춤 설계 가구를 들였다. 앞으로 늘어날 짐까지도 고려한 여유로운 수납공간은 집 안을 수월하게 정돈하도록 도와주는 일등 공신이다.

현관 수납장 한편은 신발을 신고 벗기 편하도록 벤치 형태로 제작했다.

작은 집이라고 꼭 심플해야 할까

좁은 공간 안에서도 저마다 특색이 있기를 원한 아내 장준은 씨. 컬러 칩 선택부터 사용하던 것과 새 가구 간의 조화, 소품 연출 등 집에 관한 모든 것에는 그의 감각이 깃들어 있다. 현재 인테리어 디자인 회사 꾸밈 by 조희선의 스타일리스트로 활동하는 장준은 씨는 설비와 동선 같은 하드웨어 부분은 같은 회사 디자이너인 임종수 실장에게 조언을 구하고, 수납과 데커레이션은 그동안 쌓은 노하우와 머릿속에 담아둔 아이디어를 모두 풀어냈다. 가구나 소품 구입에 열을 올리기보다 기본이 되는 공간을 구성하는 데 더 고심한 이유도 그동안 작은 집을 시공하며 몸소 느낀 구조의 중요성 때문이다.

찬찬히 집을 둘러보니 톤 다운된 레드 컬러의 벽면 외에도 베이지와 그레이, 블루 컬러로 이어지는 색의 조화가 눈에 띈다. 모두 텍스처가 있는 벽지를 선택해 마치 패브릭을 두르거나 몇 번 페인트칠을 한 듯 아늑하고, 고급스러운 느낌이 전해진다. 시공한 벽지 모두 현장에서 사용해본 적이 있어 실제 공간에 발랐을 때의 효과를 눈여겨본 것이 많은 도움이 됐다. 특히 레드 컬러 벽지는 바닥재와 천장 컬러가 밝은 공간에 활력을 불어넣고 내추럴 톤 가구와도 잘 어울린다는 점, 확실하게 시선을 잡는 덕분에 각종 소가구와 책으로 산만한 공간이 한결 정돈돼 보이는 효과도 얻을 수 있었다. 결혼하며 구입한 심플하고 합리적인 가격대의 나무 가구는 그대로 사용하고, 루이고스트 체어나 폴 헤닝슨 펜던트 조명등처럼 포인트가 되는 소품을 매치했다. 이렇듯 가구나 소품에 큰돈을 투자하지 않고도 이 집만의 개성을 유지할 수 있는 것은 미묘하게 또는 과감하게 강약 수위를 조절한 컬러 덕분이다.

1. 주방과 드레스룸을 분리해주는 ㄷ자형 가벽. 수납이 가능하도록 30cm 폭으로 제작했다. 2. 맞춤 제작한 책장. 내부에는 컬러별로 책을 분리해 수납하고 그 위에 다년간 컬렉션한 소품을 장식했다. 3. 키가 비슷한 와인병을 모아 지지대로 삼은 화분 받침대. 4. 기존 현관 입구였던 곳에 가벽을 세워 키 큰 붙박이장을 설치하고 ㄷ자 형태로 수납장과 무지주 선반을 짜 넣은 드레스룸.

Tip

벽면이 고르지 않을 때 가장 효과적인 마감재는 어떤 것인가?

실크 벽지. 합지는 울퉁불퉁한 벽면이 고스란히 드러나 마감의 완성도를 떨어뜨린다. 실크 벽지는 벽지와 벽면 사이에 약간의 공간이 생겨 벽면이 고르게 보이는 효과를 얻을 수 있고, 석고보드를 덧대지 않아도 돼, 비용이 줄어든다. 최근 디자인과 텍스처가 단순한 실크 벽지가 다양해지는 추세라 도배로 페인트칠한 효과를 낼 수 있는 것도 장점이다.

천고가 낮아 답답해 보이는 집, 감각적인 조명 연출법은?

오래된 아파트나 빌라의 경우 천고가 낮은 집이 대부분이다. 천장 내부에 6~7cm의 공간이 있다면 매입등을 사용해 기본 라인을 정리하고, 공간마다 하나씩 펜던트 조명등을 달아 포인트를 준다. 주방에 설치하는 경우 식탁에서 조명등 끝까지 60~80cm의 간격이 가장 안정적이다.

주방 벽면에 타일을 시공할 때 스타일링 팁이 있다면?

주방이 밝아 보이도록 화이트 타일로 시공하는 사례가 늘고 있다. 이때 타일 사이를 화이트 레진으로 마감하면 욕실 분위기가 날 수 있으니 주의할 것. 타일과 대비되는 어두운 컬러의 레진을 선택해 줄눈 간격을 넓게 조절하면 타일 벽면 자체가 포인트가 된다.

건축 노트

기초 공사(철거/마루/도배) 5백만 원

목공사 4백만 원

창호 3백 50만 원

타일 및 위생기(주방 포함) 4백만 원

전기 공사 1백 50만 원

필름(문/ 몰딩) 1백 80만 원

주방&기타 가구 9백만 원

잡비 3백만 원

데커레이션(조명/패브릭/소품) 5백만 원

총 금액 3천 6백 80만 원

시공 및 스타일링 꾸밈 by 조희선

장준은(02-324-3535, www.ccumim.com)

단출하고 유연하게, 뺄셈으로 지은 리틀 화이트

: 건축가 이영조 씨의 제주 세컨드 하우스

건축가 이영조 씨가 제주도에 집을 짓는다는 소식이 들려왔다. 넓은 대지에 여러 채의 건물을 한꺼번에 올린다는 이야기를 듣고 요즘 제주에 많이 들어선다는 근사한 세컨드 하우스나 감각적인 게스트 하우스를 상상했다. 하지만 몇 달 뒤, 집을 완공했다는 소식과 함께 휴대전화 메시지로 전송된 사진을 보니 예상한 것과는 사뭇 다른 모습이다. 초록 귤밭에 올망졸망 모여 있는 박스 형태의 하얀 집들, 그 모습은 영락없는 '귤 창고'다. 4.8평부터 19. 97평까지, '단출하고 유연하게 살고 싶다'는 그의 삶의 철학이 함축된 세컨드 하우스 '리틀 화이트'를 찾았다.

건축가 이영조 씨와 아내 정희경 씨, 딸 루이의 주말 주택 '리틀 화이트' 3호. 본채와 별채 사이 나무를 그대로 살려 지었더니 그림 같은 풍경이 연출되었다.

포르투갈의 한 해변에 모여 있는 하얀 박스 형태의 마을과 제주에서 흔히 볼 수 있는 귤 창고를 모티프로 지은 공동주택 리틀 화이트. 경사진 구조를 그대로 활용하기 위해 집의 일부를 지표면에서 띄워 시공하는 필로티 공법을 적용했다.

"이곳은 11년 전 부모님이 제주로 이주하면서 마련한 귤밭이에요. 모든 은퇴 생활자가 그렇듯 부모님 역시 이곳에 그림 같은 집을 짓고 살고 싶어하셨죠. 하지만 제가 일 때문에 바쁘기도 했고, 또 부모님이 적응할 시간도 필요할 것 같아 적당한 때를 찾다가 작년 여름에서야 구체적으로 건축 계획을 세웠어요." 그간 큰 규모의 빌라나 타운하우스 위주의 작업을 해오면서 '과연 살면서 이렇게 넓은 집이 필요할까' 하는 의구심이 들기도 했다는 이영조 씨. 입버릇처럼 40대에 은퇴하고, 제주에 내려가 살겠노라고 말해온 그는 계획 중 일부를 실행했다. 2012년 여름, 서울 반 제주 반의 이중 생활은 그렇게 시작됐다.

하나면 충분하니까

제주 남쪽, 예래포구 앞 해안 도로에서 소나무 숲길을 따라 오솔길로 들어서면 귤밭 사이로 옹기종기 모여 있는 하얀 집들이 나온다. 보이는 모습 그대로가 이름인 '리틀 화이트'는 3호부터 7호까지 총 다섯 가구로 이루어졌다. 3호·6호·7호는 본채(16.7평)와 별채(4.8평)로 구성했고, 4호(19.97평)와 5호(16.7평)는 투룸과 원룸의 본채로만 구성했다. 현재 3호는 이영조 씨 가족의 세컨드 하우스, 5호는 부모님 집으로 사용할 예정이다. 중문의 한 빌라에 사는 부모님은 시험 삼아 이 집에서 한 달째 기거하며 서울에서 온 손님도 맞고, 소일거리 삼아 이곳저곳을 손보는 중이다. 4호는 서울에 사는 한 가족의 세컨드 하우스로 분양했고, 5호와 7호도 분양할 예정이니 이곳은 작은 집과 멀티 해비테이션, 신新공동체라는 최근 주거 문화의 화두를 모두 담고 있는 셈이다.

"완벽한 디자인은 그 이상 더할 것이 없을 때가 아니라 더 이상 제거해야 할 뭔가가 없을 때 비로소 완성된다"
는 생텍쥐페리의 말이 떠오르는 5호 집. 박스 안, 또 하나의 박스로 구성한 공간이 특징이다.

"제주 이민이라는 말이 생겼을 정도로 제주 이주를 꿈꾸는 이가 많은데 이때 가장 중요한 것이 이웃이에요. 적응한다는 게 결국 마음 맞는 이웃을 만난다는 얘긴데, 생각만큼 쉽지 않죠. 저희 부모님도 10년을 살았지만 가깝게 지내는 분들은 거의 서울에서 내려오셨으니까요."

시내에서 떨어진 독립된 지역의 집에서 살려면, 자체적으로라도 작은 커뮤니티가 형성되어야 한다고 판단한 그는 여러 가구가 공동체를 이루는 단지를 기본 개념으로 잡고 설계를 시작했다. 1천여 평의 대지는 바닷가를 바라보는 방향으로 높이가 점점 낮아지는 경사지로, 각 집들의 레벨이 달라 자연스럽게 독립성을 유지하고 있다. 애초에 출발이 도시 생활자를 위한 세컨드 홈이기 때문에 군이 크거나 디자인적 요소를 많이 적용할 필요는 없었다. 그는 땅의 상황에 어울리는 집의 형태와 최적화한 규모를 고민하던 중 문득 서귀포에서 흔히 볼 수 있는 귤 창고를 떠올렸다. 귤밭의 면적에 정확하게 비례하는 귤 창고에서 모티프를 얻어, 기존 귤밭에 있던 귤창고 크기를 그대로 차용해 지은 집이 바로 3호의 별채다. 본채와 별채를 합쳐 70.97㎡(21.47평)인 3호는 한옥의 안팎 요소를 모두 내부 공간에 들인 것이 특징이다.

"방과 툇마루, 마당까지 한공간 안에 다 표현하고 싶었어요. 방은 크기가 가장 작고 천장도 낮아요. 방의 연장이자 원통형 기둥이 서 있는 복도는 툇마루 역할을 합니다. 소파처럼 걸터앉거나 간단한 다과를 즐길 수 있어요. 한 단 더 내려가면 부엌 겸 다용도 공간인데, 이곳은 마당을 형상화한 거예요. 평상 모양의 테이블, 무심하게 둔 낮은 나무토막 테이블, 필요에 따라 확장이 가능한 선반 시스템이 가구의 전부죠."

1. 손님들이 가장 좋아하는 방으로, 맑은 날은 멀리 마라도까지 조망할 수 있다. 2. 본채와 별채의 동선이 분리된 5호 집의 뒷모습. 3. 귤밭에 지은 리틀 화이트는 귤나무가 조경수요, 귤밭이 앞마당 정원이다. 가볍고 이동하기 편리한 아웃도어 가구도 이곳에 두니 한결 폼이 난다.

딱 하나 욕심낸 것이 있다면 바로 천장고다. 겉에서 봤을 때는 무척 아담한 집이지만 들어서는 순간 개방감이 느껴지는 것은 높은 천장고 덕분이다. 층고와 천장고에 변화를 주고, 철제 투명 문과 기둥 등으로 공간을 분할하니 작은 집이라도 단조롭거나 답답해 보이지 않는다. 단, 박공지붕의 라인을 그대로 살리더라도 천장의 공기층은 충분히 확보해야 여름에 시원하고 겨울에 덥지 않다.

뺄셈으로 완성하다

건축가이자 건축주인 그가 이 집을 설계하며 궁극적으로 실험하고 싶은 것은 실질적으로 과하지도 모자라지도 않는 적정한 집의 크기, 공간에 대한 정의다. 주말 주택이라고 말하지만 때론 장기간 머물 수 있고, 세간이 많지 않아 지인이 원하면 언제든지 잠깐 내주는 등 유연하게 대처할 수 있는 집. 침실도, 가구도 꼭 필요한 것 하나씩만 있으면 충분하단다. 하나의 공간을 여러 용도로 사용하는 건 집을 작게 짓기 위한 가장 기본 방법이다. 1년에 몇 번 제대로 쓰지도 않을 게스트룸이나 거실을 큰돈 들여 꾸미는 것보다는 하나씩 뺄셈을 해나가며 최상의 실용성을 갖춘 공간만 남기는 편이 낫다는 것이다. 그러다 보면 결국 남는 공간은 부엌, 욕실, 침실, 다양한 용도로 쓰는 '만능 방' 하나 정도가 되게 마련인데, 만능 방은 거실도 되고 식당도 되고 작업실도 되고 손님방도 되고 때론 마당이 되기도 한다. 사실 큰 자녀가 있는 가족의 집으로 다소 구현하기 어려울지 모르지만, 그의 공간 철학은 참고할 만하다.

"서울에서 집 짓기 애매한 자투리 땅을 찾아 작은 집을 지으면 재미있을 것 같아요. 강북의 구도시는 골목 안에 비뚤빼뚤한 집들이 아직 남아 있는데, 문제는 통으로 개발해서 떡하니 빌라나 아파트를 짓는다는 거예요. 건축가들이 각각의 콘셉트를 담아 작은 필지에 지은 집들이 늘어나면 한 집만이 아니라 골목길도, 도시 풍경도 한결 다채로워질 텐데요. 이 집에 적용한 아이디어들을 적절히 구현한다면, 도심형 작은 집의 새로운 모델이 될 수 있지 않을까요?"

1. 3호 본채의 침실에서 다용도 룸을 바라본 모습. 방에서 툇마루, 마당, 테라스로 확장되면서 바닥은 깊어지고, 천장은 높아져 다채로운 풍경을 만들어낸다. 2. 3호 본채 침실에서 주방 겸 다용도 룸을 바라본 모습. 주방 벽면에는 추가로 선반이나 싱크대를 달 수 있도록 타일 마감을 최소화했다. 3. 3호 집 다용도 룸에서 침실을 바라본 모습. 단 차이로 공간을 분할해 집이 작고 답답해 보이지 않는다.

양보다 질, 작지만 강하다

이 집은 호불호가 극명하다. 일반 집을 생각한 대부분의 사람은 집 안에 들어서는 순간 "이게 방이라고?" 하며 반문한단다. 일부러 비워낸 것을 완성하지 않은 것으로 해석하고, 또 건축비가 너무 비싼 건 아니냐며 직언을 하기도 한다. 사실 기자를 포함해 대부분의 사람이 궁금해하는 부분도 바로 비용일 터. "평당 가격이라는 개념 자체가 작은 집과는 맞지 않는 것이에요. 평당 단가를 낮추기 위해서는 가능한 한 넓은 방을 많이 배치하면 되니까요. 작은 집의 경우 작은 공간에 여러 기능을 함축하게 마련이니 면적 대비 비용이 높을 수밖에요." 그는 작은 집을 하나하나 수작업으로 완성하는 상품에 비유한다. 그리고 리틀 화이트를 '보통 집과 똑같은 질적 수준을 갖춘 집' 때로는 더 고급스러운 집을 짓기 위해 작게 지은 집'이라 역설한다. 창문이 스무 개 필요하면 싼 것을 선택해야 하지만 6~7개 필요하면 마음에 드는 것, 품질이 좋은 것을 고를 수 있지 않겠느냐는 것.

"요즘도 제주에서 진행하는 프로젝트가 있어 최소 일주일에 한 번꼴로 내려와요. 혼자 내려올 때는 3호나 5호 툇마루에 앉아 제일 편안한 자세를 잡은 뒤 무념무상으로 고요를 즐기지요. 감각의 정점은 '어둠'이에요. 깜깜한 하늘, 당장이라도 쏟아져 내릴 것 같은 별들, 각종 풀벌레 소리···. 낮이든 밤이든 눈이 쉴 수 있다는 점이 가장 좋죠."

그리고 그는 가장 높은 데 있는 3호에서 바닷가가 가장 가까운 7호로 이사를 준비하고 있다. 7호 별채에 오피스 겸 카페를 차릴 예정이다. 4평밖에 안 되는 작은 공간이지만 제주를 찾는 다양한 사람이 모여 사랑방처럼 활용했으면 하는 바람이다. 또 설치 미술가와 협업해 이 집을 배경으로 전시를 기획해보는 것도 구상 중이다. 자신과 가족만이 주말 주택으로 즐기기보다는 문화적으로 다양하고 재미있는 작업을 펼치고자 요리조리 궁리하는 그의 표정에 다시 생기가 돈다.

박공 구조의 천장 라인을 살린 3호의 별채. 창문 없는 화장실이 특징이다.

사실 작은 집에 대한 기준은 무척 주관적이다. 단순히 면적만으로는 판단하기 어렵다. 하지만 "감당할 수 있는 편안한 재료로 라이프스타일에 맞는 규모로 짓되 빼고 빼서 최소한만 남은 것"이라는 '리틀 화이트'의 콘셉트는 작은 집이 갖춰야 할 중요한 명제를 전하기 충분하다.

1. 간단한 옷가지를 수납하는 공간이자 자신의 컬렉션을 진열하는 쇼 케이스. 2. 툇마루에 앉거나 누웠을 때도 눈높이로 자연을 조망할 수 있도록 낮게 작은 창을 냈다. 3. 이영조 씨의 고정석. 스툴과 집게로 고정하는 아르테미데의 벽등은 사이드 테이블로 활용할 수 있다. 4. 통나무를 잘라 무심하게 둔 로 테이블은 동네 목재소에서 쉽게 제작할 수 있다.

Tip

집에 들여놓는 물건은 적을수록 좋다.

쓸데없는 공간을 관리하는 일은 소모적이다.
이것도 저것도 필요하다며 원하는 걸 자꾸 보
태고 늘리는 방식이 아니라, 먼저 적당한 집을
상상하고 거기에서 불필요한 설비나 공간을
제외해나가는 연습이 필요하다.

**땅이 허용하는 한 최고치로 건폐율을 채우
려 하지 마라.**

가득 채워 짓지 않으면 조금 더 큰 마당을 얻
을 수 있고, 전체 비용도 절감할 수 있다.

처음부터 완벽하게 세팅하려 하지 마라.

살다 보면 라이프스타일 패턴이 바뀔 수도 있
고, 필요한 제품이 더욱 명확해진다. 여지가
있어야 공간도 사고도 한층 유연해진다.

건축 노트

건축 설계

이영조

www.paperscape.co.kr

(02-512-2945)

인테리어 설계와 시공

이영조, 로프트 디자인 랩(031-8017-2532)

건축 시공

해오름건설조경

설계와 시공비

평당 6백만 원(내부 인테리어, 가구 세팅 포함)

단 7.8평,
주인 닮은
콤팩트 하우스

7.8평의 집은 누가 뭐래도 분명 작은 집이다. 하지만 인테리어 디자이너 전성원 씨가 디자인하고, 직접 살고 있는 이 집은 '작지만 작지 않다'라는 역설적 표현이 참 잘 어울리는 알찬 공간이다. 집 안 가운데 과감히 벽을 하나 세우면서 이 집은 결코 평범치 않은 구조가 되었고, 인테리어 디자이너로서 그동안 쌓은 노하우를 담은 영리한 디자인으로 미니멀하면서 시크한 싱글 하우스를 완성할 수 있었다. 주인의 취향과 여가 생활이 곳곳에 눈에 띄어 구경하는 재미가 더욱 쏠쏠하던 집이다.

집에 들어서자마자 만나는 회색 벽이 이 집에 대한 흥미를 불러일으킨다.

전성원 씨는 작은 집에는 창턱이 있는 창호가 요긴하다고 이야기한다. 좋아하는 화초나 소품 등을 올려놓을 수 있는 훌륭한 선반이 된다.

인테리어 디자이너 전성원 씨가 운영하는 '옐로플라스틱'은 시작 초기부터 평수가 작은 집 인테리어를 많이 선보이며 눈에 띈 인테리어 디자인 회사. 작은 집을 좀 더 넓어 보이도록 디자인하는 것은 물론이고, 집주인의 취향을 반영한 과감하면서도 감각적 디자인, 거기에 생활 동선과 수납을 꼼꼼히 고려한 배려 깊은 디자인이 돋보여 눈여겨보게 된 곳. 그러니 인테리어 디자이너의 집인 데다 25.78㎡(7.8평)의 작은 집이라는 매력적인 키워드의 조합에 어찌 그냥 지나칠 수 있었겠는가.

전성원 씨의 집은 망원동 한적한 골목에 한강이 내려다보이는 빌라 3층이다. 2년 전 이곳으로 이사했는데, 당시 빌라 건물을 짓고 있는 중에 계약을 하면서 운 좋게 마이너스 옵션으로 구입할 수 있었다고 한다. 집 형태가 반듯한 ㅁ자가 아닌 지그재그 형태로 독특하게 생겨 디자인하는 데 꽤 고민했다고 한다. 하지만 그는 어려운 숙제일수록 더 즐기는 타입인지라 금세 기분 좋게 이 숙제를 해결할 수 있었다. 현관에 들어서자마자 거실과 부엌이 나오고, 여기에서 다시 문을 열고 들어가면 침실이 나오도록 단순하게 설계된 기존 구조를 그는 어떻게 바꾸었을까?

1. 벽면 곳곳에는 집주인의 취향이 드러나는 그림이나 엽서가 붙어 있다. 쉽게 붙였다 떼었다 할 수 있어 집 안 분위기를 바꾸기에도 좋은 요소다. 2. 현관 쪽에서 바라본 기다란 복도와 부엌 그리고 거실. 7, 8평의 작은 집은 중간에 과감하게 기다란 벽을 세우면서 더 쓸모 있고 개성 있는 공간이 만들어졌다. 3. 화이트&블랙의 세련된 매치가 돋보이는 부엌.

벽을 세우다

전성원 씨의 집은 들어서는 순간부터 범상치 않다. 현관에서 마주하는 시멘트 벽돌 '벽면은 순간, 노출 콘크리트로 모던하게 지은 건축물 안에 들어와 있는 듯한 착각이 들게 한다. 그리고 이 벽을 중심으로 좌우 공간이 나뉜다. 왼쪽은 침실, 오른쪽은 부엌과 거실, 화장실이 있는 공간이다. 인테리어 디자이너이자 집주인인 전성원 씨는 과감히 기존 거실 중간에 벽을 세우며 디자인의 실마리를 풀기 시작했다. 기다랗게 벽을 세워 부엌을 배치했고, 부엌이 끝나는 지점에 다시 이 가벽을 세워 가리고 나누는 파티션 역할을 하도록 했다. 그리고 묵직한 시멘트 벽돌을 쌓아 만든 것으로 보인 이 벽은 가벽에 1cm 두께의 모노타일을 시공한 것이다. 현관문 한쪽 옆 신발장이 놓여야 할 곳에도 벽을 세워 벽면을 가득 채우는 거울을 붙였다. "안 그래도 작은 집에 벽까지 세우면 더 좁고 답답해 보이지 않을까 걱정하는 분이 많아요. 그런데 저는 작은 집을 넓게 쓰는 노하우로 '파티션을 잘 이용하라'는 말을 꼭 합니다. 가리고 나누는 파티션, 즉 벽을 하나 만들면서 그 공간은 더 쓰임새 있고 수납도 가능한 곳으로 바뀌거든요."

전성원 씨의 이야기를 듣고 생각해보니 고개가 끄덕여졌다. 아무리 넓더라도 벽 없이 트인 공간이라면 그리 쓸모가 없다. 벽이 있어야 그 앞에 가구를 놓기도 하고, 선반을 달기도 하고, 장식을 하기도 하는 등 다양한 쓰임새와 재미가 있는 공간이 된다.

이 집, 현관부터 흥미진진하니 안쪽 공간이 더욱 궁금해진다. 벽을 중심으로 왼쪽과 오른쪽의 갈림길에서 먼저 왼쪽으로 발을 들였다.

1. 푸른 포인트 벽면이 눈에 띄는 침실. 꼭 있어야 할 것만 두고 콤팩트하게 꾸몄다. 블랙프레임의 창은 화이트 벽과 극명한 대비를 이루며 공간에 재미를 더한다. 2. 원래는 거실이던 공간에 벽을 세우고 문을 설치해 아담한 침실로 만들었다. 3. 부엌과 나란히 위치한 욕실. 부엌을 넓히는 대신 욕실 크기는 줄였다.

취미와 취향을 드러내다

현관의 거울 벽 옆으로는 문을 달아 침실로 꾸몄다. 기존 도면에는 거실로 쓰는 곳인데 벽을 세우면서 자연스레 공간이 분리되었고 문을 달아 작은 방 하나를 만들었다. 침대와 화장대, 옷장 등 꼭 있어야 할 것만 놓은 담백하고 콤팩트한 공간이다. 침대 옆 벽면은 밤바다색으로 페인팅하고 사각형 작은 벽 조명등 네 개를 나란히 설치해 세련된 느낌과 함께 신비로운 분위기를 내는 포인트 월로 꾸몄다.

"하얀색이 넓어 보이는 효과가 있다고 생각해 작은 집은 무조건 '하얗게' 인테리어하는 경우가 많아요. 하얀색은 바탕이 되기에 덜 질리고 다른 가구나 소품을 매치하기 쉬운 기본색이죠. 그래서 저도 벽과 천장을 화이트로 페인팅했어요. 하지만 화이트 일색인 집은 오히려 쉽게 질리고 변화가 없어 지루하며 답답해 보일 수 있습니다. 컬러를 적절히 사용하면 공간을 분할하는 데도 효과적이고 멋진 장식을 하지 않아도 인테리어 효과까지 겸할 수 있어 좋아요. 단, 베이지나 파스텔컬러보다 오히려 극명하게 대비되는 컬러를 사용하는 게 더 넓어 보이는 것 같더라고요." 전성원 씨의 설명에 공간을 다시 둘러보니 블랙의 작은 창틀, 레드 컬러의 수납장 '컴퍼니빌리'도 특별하게 보였다. 침대 위 베드 러너 대용으로 깐 비치 타월과 침실 베란다에 걸린 검은 잠수복 몇 벌이 눈에 들어와 취미를 물었다. 이 집으로 이사하던 시기에 처음 시작했다는 스쿠버 다이빙이 그의 취미다. 블루톤 벽부터 파란 침대 시트, 스트라이프 비치 타월을 이용한 베드 러너 그리고 회색의 매트한 타일 바닥, 베란다의 잠수복까지 시선이 이어지며 시원스레 펼쳐진 바닷가 이미지가 그려졌다.

거실에서 바라본 복도. 자전거를 수납하기 위해 신발장을 반으로 줄이고 위쪽에 설치했다.

침실에서 나와 건너편 공간으로 이동했다. 현관 오른편에 놓인 신발장이 어쩐지 특이하다 싶었는데, 전성원 씨의 애마인 자전거를 놓기 위해 자전거 높이에 맞춰 신발장을 과감히 반으로 줄여 찬장처럼 위쪽에 설치했다. 그리고 여기에서 이어지는 긴 복도. 40평대 이상의 집에서나 만날 수 있는 기다란 복도를 7평여 집에도 만들 수 있다는 게 신기하기만 했다. 이것 역시 가운데 벽을 길게 세운 덕으로 여기에 一자형 부엌을 만들면서 가능했다. 부엌도 집 크기에 비해 결코 좁지 않다. 부엌과 욕실이 나란히 붙어 있는 형태인데 욕실은 공간을 줄여 세면대와 변기, 샤워기만 설치했고 대신 부엌 공간을 늘렸다. 화이트&블랙의 부엌이 모던하고 시크해 보인다. "그동안 부엌에 블랙 컬러를 쓰고 싶었어요. 블랙 타일에 블랙 상판, 정말 해보고 싶었는데 클라이언트들이 그리 좋아하지 않더라고요. 그래서 내 집이 생긴 김에 소원 풀이를 해봤어요." 전성원 씨의 이야기에 인테리어 디자이너로서 자신의 집을 직접 인테리어하니 어땠는지 물었다. "집은 사는 사람의 취향과 라이프스타일이 잘 반영되어야 해요. 갖고 있는 가구는 무엇이며 살림은 어느 정도고, 쓸 수 있는 비용도 확실해야 디자인에 잘 반영하고, 작업 후 인테리어 디자이너나 집주인 모두 만족도가 높아요. 그런데 아무리 많은 미팅을 하며 조사를 해도 속속들이 다 알 수 없다는 게 아쉽죠. 그런 면에서 제 집을 인테리어하는 건 편할 수밖에요. 집주인을 가장 잘 아는 디자이너가 작업한 거니까요. 다른 스케줄에 밀려 마무리 작업을 미뤄놓긴 했지만 디자이너에게 컴플레인을 걸 수는 없죠."

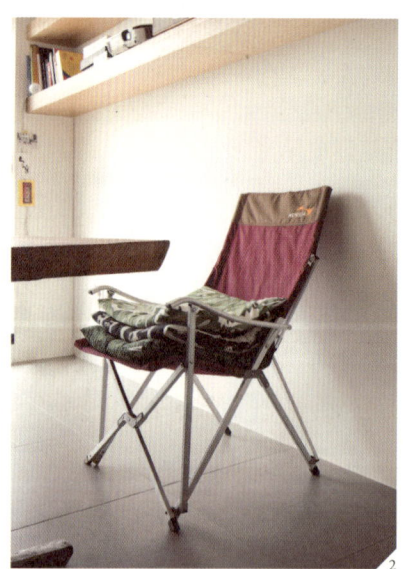

개조 비용

목공사 1백 70만 원

전기 공사 1백 50만 원

도장 및 필름 2백 30만 원

창호 4백만 원

타일 및 위생기 4백만 원

공과잡비 50만 원

가구 및 데커레이션 3백 60만 원

총 금액 1천 7백 60만 원

디자인 및 시공

옐로플라스틱(070-7709-3542, www.yellowplastic.co.kr)

1. 한강이 보이는 거실 중앙에는 커다란 원목 테이블을 두었다. 여기에서 강아지 업둥이와 즐거운 시간을 보내거나 프로젝터를 이용해 영화를 보기도 한다. 2. 거실 테이블에 캠핑 의자를 둔 것도 재미있다.

그의 위트 있는 답변에 이 작은 집이 더 매력적으로 보였다. 조금 안쪽으로 들어가면 큼직한 티크 원목 테이블이 놓여 있고 한강이 내다보이는 거실이 자리한다. 여기는 원래 침실 공간인데 이 좋은 전망을 혼자 보는 것은 아깝다는 생각에 친구들과 함께 모일 수 있는 거실로 꾸몄다. 2m가 넘는 길이의 테이블은 중형 아파트에서도 놓기 망설여지는 아이템이라 그의 과감한 선택이 더 대단하게 느껴졌다. 집이 작다고 소형 가구만 놓으면 오히려 집이 더 좁아 보인다고 한다. 일을 마치고 집에 들어와 여기에서 창밖의 경치를 바라보며 반려견 업둥이와 함께 시간을 보내기도 하고, 창가에 롤스크린을 내리고 프로젝터를 이용해 영화나 TV를 보며 쉬기도 한다. 카페를 닮은 곳이라 친구들이 와서 놀기도 좋은 장소가 되니 그의 집 안에서도 가장 '핫 플레이스'라 할 수 있다.

집, 변하고 진화한다

전성원 씨가 이곳으로 이사한 지 벌써 2년이 넘었다. 아무리 인테리어를 잘해놓은 집도 살다 보면 조금씩 지루해지고 불편하거나 아쉬운 점도 생긴다. 전성원 씨의 집도 마찬가지다. 아무리 인테리어 디자이너가 직접 디자인한 자신의 집이라도, 그의 취향과 라이프스타일이 제대로 담긴 딱 그를 닮은 집이라도 처음 모습 그대로일 수는 없다. 이 집의 처음 모습과 많이 달라진 곳은 거실이다. 바닥에 방석과 쿠션을 두어 좌식 형태로 꾸몄던 거실은 얼마 전 큰 테이블과 프로젝터를 설치해 이미지를 완전히 바꿨다. 침실의 침대 위치도 방향을 90도 틀었고 화장대 위치도 옮겼다. 벽에 붙여놓은 그림과 작은 엽서 등도 심심치 않게 바꾸고 천장에 레일 조명을 설치했기 때문에 조명등도 언제든 원하는 수와 위치로 바꿀 수 있다고 한다. 전성원 씨는 침실 쪽 문도 슬라이딩 도어로 바꿀 계획이라고 했다. 그의 집은 이렇게 살금살금 변하며 진화하고 있다. 집이란 관심을 갖고 꾸준히 살피며 이렇게 저렇게 꾸며야 생동감 있는 집이 된다. 그런 면에서 이 집은 분명 작지만 그를 닮은 건강한 에너지로 채워진 생기 넘치는 집이다.

낡은 주택 개조기,
'시간'의 가치를
더하다

: 김학중, 하초희 부부의
구기동 30년 된 주택

요즘 도심 속 노후 주택을 레노베이션해서 여유를 즐기며 사는 이가 많다. 구기동의
30년 된 주택을 개조해 집과 사무실로 사용하는 김학중·하초희 부부. 예상치 못한
구조에서 발견한 디자인 요소에 '시간'이라는 가치가 더해져 주거 그 이상, 개성 있는
공간이 탄생했다.

가정이 휴식만 취하는 게 아니라 창조적 작업도 함께 이뤄질 수 있는 공간이라는 믿음을 실현한 김학중·하
초희 씨 부부의 구기동 주택. 1층은 사무실과 회의실, 주방으로 구성했다.

세월이 더께로 쌓인 콘크리트 보, 나무, 철제 등 가장 자연스러운 물성 자체를 디자인 요소로 활용했다.

요즘 레노베이션을 했다고 하면 낡은 것을 고쳐 쓴다는 의미가 무색할 정도로 뼈대든 디테일이든 과거의 것을 완전히 지워버린 사례가 대부분이다. 건물이 무너지지 않을 정도로 최소한의 구조체만 남기고 싹 털어버리는 것, 이는 물론 비용 대비 효과적일 수는 있으나 옛것과 새것 사이의 대비와 긴장에서 오는 그 집만의 고유한 가치를 저버리는 일이기도 하다. 오래된 주택을 레노베이션하기로 마음먹었다면 기존 건물을 둘러싼 대지, 건축 과정, 그 속에 배어 있는 삶의 궤적까지 재해석해 공간 속에 담아내려는 노력이 필요하다고 강조하는 건축가 김학중 씨. "동네 버스 정류장 앞에 야트막한 계단이 있었어요. 단순히 시멘트 계단으로 보일 수도 있지만, 사실 고향 사람들 대부분의 추억이 담긴 장소였죠.

야간 자율 학습을 마친 고등학생들에게는 친구들과 고민을 나누던 벤치였고, 연인들의 약속 장소이자, 오랜만에 마주친 아주머니들이 해가 지는 줄도 모르고 자식 얘기며 농사 얘기를 풀어놓던 곳이니까요. 그런데 몇 년 전, 유학을 마치고 오랜만에 고향을 찾았더니 그 계단이 한껏 모양 낸 대리석 계단으로 바뀌어 있더라고요. 그때 느낀 상실감이란…. 오래된 건축물이 품고 있는 '시간'이라는 값어치를 무시하고 단순히 노후된 무엇으로 판단하는 것이 도시를 점점 차갑게 만드는 것이 아닐까 생각했어요." 그의 말처럼, 우리가 기억하는 것은 단순히 지나간 시간 자체가 아니라 시간이 담긴 공간일지도 모른다. '개발'이라는 명목으로 낡은 것을 흔적조차 없애버리는 일에 너무나 익숙한 요즘, 그저 건물을 되살리는 것뿐 아니라 그 안에 살아 숨 쉬던 생활도 함께 되살리고 싶었다는 이 젊은 건축가의 도전이 궁금해졌다.

1. 1층 주방에서 안팍건축 오피스를 바라본 모습. 2. 독립해 첫 작업으로 자신의 집을 레노베이션한 김학중 씨. 아내 하초희 씨는 직접 디자인한 쿠션, 러그로 공간에 따스함을 불어넣는 역할을 한다.

기본에 충실한 레노베이션

젊은 부부가 새로 짓는 편리함 대신 노후된 집을 개조하는 수고스러운 과정을 선택한 이유가 궁금했다. "어릴 때부터 부모님께 '터무니 있게 살아야 한다'는 말을 많이 들었어요. 그래서인지 아파트나 빌라보다 '터'에도 자취나 흔적이 있는 주택에서 땅을 밟고 살아야겠다는 생각이 들더라고요." 이 부부는 우선 서울 서촌과 부암동, 구기동과 신영동 일대의 오래된 주택을 찾기 시작했다. 도심지 노후 주택은 대부분 건축물의 가치를 제외한 땅의 가치만으로 거래되고 간혹 작은 땅도 찾을 수 있어 부부가 가진 한정된 예산으로 구입할 수 있고, 건축가인 김학중 씨가 직접 레노베이션하면 합리적 예산으로 주택의 가치를 얼마든지 새롭게 창출할 수 있겠다는 생각도 했다. 게다가 오래된 주택의 레노베이션은 새로 집을 짓는 것과는 또 다른 묘미가 있지 않은가.

인테리어를 하면서 가장 즐거운 순간 중 하나가 철거하거나 벽면을 뜯어냈을 때 뜻밖의 공간을 만나는 것이라 하니 부부가 30년 된 2층 주택을 만난 것은 여러모로 운명적인 일이었다. "2층으로 오르는 계단의 구조, 2층 테라스, 자그마한 다락방까지 재미있게 활용할 수 있는 공간들이 눈에 띄었어요. 오래된 집이기 때문에 구조는 물론 골조도 꼼꼼히 체크했죠. 우선 벽체가 두꺼웠고, 벽돌 역시 그 시대에 꽤 고가의 자재를 사용해 아직까지 내구성에 문제가 없을 정도로 튼튼했어요. 기둥이 없고 벽체로 올라가는 조적식 구조라 천장에 보가 있을 거라는 기대를 하지 않았는데, 1층 천장을 철거하고 보니 보가 세 개나 나오더라고요." 김학중 씨는 구조 보강 역할을 하던 보를 제거하지 않고 디자인적 요소로 활용했다.

계단은 목공 마감을 없애고 골조를 그대로 디자인 요소로 활용했다. 난간 일부를 없애 개방감이 느껴진다.

무엇보다 38평의 작은 땅에 지은 주택인데도 전혀 좁아 보이지 않고 여백이 느껴지는 것이 특징이다. 사무실과 거실이 있는 1층은 계단 골조와 천장의 보를 드러내 노출 느낌을 내면서 나무와 철판 소재를 섞어 내추럴한 감각을 살렸고, 침실과 작은 거실이 있는 2층은 화이트를 바탕으로 낮은 원목 가구를 배치해 아늑하게 완성했다. 또한 오래된 집은 지나친 증축으로 채광성이 좋지 않거나 환기가 잘 안 되는 경우가 많아 창문의 재배치가 필수다. 그는 2층의 통창을 부분 창으로 막아 단열을 보완했고, 1층 거실의 부분 창을 통창으로 개방해 채광성을 높였다. 1층 사무실 벽면, 주방 맞은편에 작은 창을 낸 것도 채광 확보를 위한 아이디어였다. "무엇보다 구조적으로 튼튼하게 하는 데 비용을 집중하는 게 좋아요. 살면서 얼마든지 교체할 수 있는 인테리어 마감재에 투자하는 것은 최대한 줄이는 식으로 예산을 조율했지요. 단열과 환기등 벽과 바닥, 소재와 컬러 모두 기본에 충실하면 누구나 공간을 쉽게 꾸밀 수 있어요. 콘셉트가 분명하게 잡히면 많은 가구도, 많은 컬러도 필요 없고요."

주거 공간의 침실은 양쪽 여닫이문을 설치해 개성을 더했다.

집과 일터를 하나로

두 가지 기능이나 역할을 하나로 합치는 하이브리드가 각광받는 시대다. 사람들이 단독주택에 열광하는 이유 중에는 주거 공간과 사무 공간(상업 공간)을 동시에 해결할 수 있다는 이유도 있을 것이다. 아주 넓지 않아도 쓸모 있게 나누고 몇 가지 아이디어를 더하면 주거는 물론 개성 있는 사무 공간까지 얻을 수 있으니 일석이조 아닌가.

"건축가와 패브릭 디자이너, 둘 다 '디자인'이 직업이고, 프리랜서이다 보니 집과 작업실을 굳이 분리할 필요가 없다고 생각했죠. 집에서 작업실로 이동하는 시간까지 아껴 밀도 있게 일하면서 가사와 육아는 적절히 분담할 수도 있으니까요." 일과 생활이 함께 또 따로 하는 공간의 효율성을 높이기 위해 유연한 공간 배치에 중점을 두었다는 김학중 씨. 1층은 공용 공간, 2층은 개인 공간으로 역할을 나눈 뒤 1층 공용 공간은 다시 사무 공간과 거실·다이닝룸으로 분리했다. 사무실 현관과 주거 공간의 현관을 따로 배치하고, 사무실과 거실 사이에는 슬라이딩 도어를 설치해 오픈 공간과 닫힌 공간을 완성했다.

스테인리스 스틸 소재의 조리대와 조명등, 그리고 스틸의 차가운 느낌을 상쇄하는 고재 나무 테이블과 선반, 노출 천장이 조화를 이루며 다채로운 매력을 풍긴다. 틈새 공간을 활용한 아이디어도 돋보인다. 패브릭 디자이너로 의상과 리빙 제품을 디자인해 판매하는 쇼핑몰을 운영하는 아내 하초희 씨의 업무 공간은 1층 계단 아래이고, 2층에서 다락방으로 올라가는 계단 아래는 딸 지이의 놀이 공간이다. 지이가 좀 더 자라면 3층 다락방은 지이 방으로 꾸밀 예정이다. 김학중 씨는 그간 쓸모없이 방치되던 2층 테라스와 마당에 덱을 깐 뒤 아웃도어 가구를 두었다.

액세서리 디자이너로 활동하다 홈 패션 브랜드 '트랄라라'를 운영하는 하초희 씨와 '안팎건축'을 운영하는 김학충 씨.

캠핑 열풍이 부는 요즘, 덱에 텐트를 치고 인도어 캠핑을 즐길 계획이란다. "설계 사무소, 시공사를 거쳐 독립한 후 제 첫 작업이 바로 이 집이에요. 무엇보다 고재 나무, 구로 철판 등 좋아하는 재료를 마음껏 쓸 수 있어 좋았지요. 한국의 선에서 모티프를 얻어 가구도 제작했고요. 주방의 동선을 짤 때, 욕실 위치와 가구나 마감재 소재를 결정할 때는 아내의 의견을 존중했어요. 디자이너인 저보다 더 섬세하고 실용적인 아이디어를 제안해 많이 도움이 되었죠." 김학중 씨는 주거 공간과 오피스가 함께 있다 보니 일을 하는 데 집중도가 떨어질 때도 있다고 말한다.

하지만 여유 시간을 조절하는 게 자유롭고, 또 가사와 육아를 병행하는 아내의 고충도 알게 되었다. 그와 가족에게 이 집은 배려와 유연함이 깃든 주거 공간 그 이상이다. 아이와 온종일 씨름하다 잠만 자는 집이거나 도면만 바라보며 씨름해야 하는 답답한 사무실이 아닌 곳, 가족은 물론 이곳을 오가는 사람들과의 잔잔한 에피소드가 차곡차곡 쌓여가는 곳, 딴생각할 여지가 많아 즐거운 곳… 이것이 사는 재미고 행복한 일상을 모색할 수 있는 에너지의 원천이 아닐까.

디자인과 시공 _ 안팍건축(02-3417-8000)

1. 단열과 사생활 보호를 위해 통창 일부를 합판으로 막아 아늑한 분위기를 연출했다. 2. 2층 테라스의 난간은 부식되어도 자연스러운 동판으로 마감했다. 3. 계단 아래 딸 지이의 놀이 공간. 더 자라면 창고로 쓰는 3층 다락방을 지이 방으로 꾸며줄 계획이다. 4. 2층은 방 하나를 없애고 미니 거실을 만들었다.

1. 3층 다락방에서 2층을 내려다본 모습. 2. 평범한 빨간 벽돌 집을 레노베이션해 주거와 오피스로 사용. 야트막한 담장 라인을 2층 테라스까지 박스 형태로 확장한 파사드가 인상적이다. 3. 주방 뒤편으로 조리 시설을 분리해 오피스로 사용하는 데 불편함이 없다. 4. 다용도실을 게스트 화장실로 변형한 아이디어가 돋보인다. 폭이 작은 문, 미니 욕조 등 작은 집에 활용하기 좋은 예다.

공간의 여유,
편리하게 감췄다가
깔끔하게 보였다가

: 7살 아이와 함께 사는
소형 아파트 개조기

일곱 살 아이와 함께 사는 작은 집이라는 말에 알록달록한 색감의 책과 장난감으로 가득한 아이 방과 집을 상상했다. 한정된 공간과 아이용품이라는 불리한 조건을 이겨 내고, 쾌적하면서도 유용하게 변신한 아파트 레노베이션 스토리를 소개한다.

거실 월플렉스 아래 간접 조명등을 설치하면 하나만 켜도 분위기를 낼 수 있다. 게다가 공중에 떠 있는 듯한 느낌을 자아내 공간이 답답해 보이지 않는 효과가 있다.

책장으로는 부족한 아이 방 수납 문제는 벽 선반으로 보완한다. 책상과 침대 쪽 벽면에 모두 선반을 설치하면 책뿐 아니라 아이가 만든 작품도 전시할 수 있다.

몇 해 전, 젊은 세대를 중심으로 집에 대한 관점이 변하고 있다는 연구 결과가 보고되었다. 집을 소유하는 것이나 집 크기에 연연하는 것이 아니라, 집 내부 구조나 인테리어같이 그곳에 사는 사람과 생활 방식을 중심으로 집을 생각하는 사람이 늘고 있다는 것이다. 결혼 7년 만에 첫 번째 내 집을 장만한 김남수·최미경 부부도 이와 같은 생각이었다.

"집 크기에 연연하지 않고 예산에 맞는 집을 골라 차라리 인테리어에 집중 투자하기로 했어요. 우리 가족의 생활 방식에 맞는 구조와 분위기로 집을 꾸민다면 오랜 시간 생활하는 데 무리가 없을 거라 판단했지요."

전체적으로 벽과 문은 화이트, 바닥은 그레이 톤의 폴리싱 타일을 시공한 이 집은 일곱 살 여자아이가 있는 집이라고는 생각하기 어렵다. 핑크 일색의 공주님 스타일 아이방은 고사하고, 눈에 띄는 살림살이가 거의 없을 뿐 아니라 가구와 소품도 패턴 없는 모노톤이 대부분이기 때문이다. 이 집의 시공을 맡은 옐로우플라스틱의 김희진 디자이너는 색감을 통일한 이유에 대해 언급했다. "좁은 공간을 마감하는 데에는 단연 화이트 컬러가 제격입니다. 이 집의 가족들이 모던한 느낌을 선호한 데다 어두운 색이던 기존 가구를 고려하다 보니 연한 그레이나 진한 그레이와 같은 모노톤을 선택했습니다."

1. 조리대와 작업대를 ㄷ자형으로 만들고 냉장고와 수납장을 다용도실로 빼 부엌 공간을 넓혔다. 2. 베란다를 확장한 후 생긴 날개벽도 수납공간으로 이용한다. 특히 에어컨을 넣은 공간은 타공 철판으로 슬라이딩 도어를 제작했는데, 유동적으로 책과 에어컨을 가리면서 메모 보드로도 활용할 수 있다. 3. 슬라이딩 도어는 흰색을 선택해 전체적으로 좁아 보이지 않고 깔끔한 느낌을 준다.

문으로 숨기고 가리는 수납법

이곳에 정착하기까지 전셋집을 네 번이나 옮겨 다닌 탓에 큰 가구가 많지 않지만 아이 책만큼은 남부럽지 않을 정도다. 딸 혜슬이가 책 읽는 것을 좋아하는 데다 내년에 초등학교 입학을 앞두고 있어 꽤 무게가 있는 전집류조차 처분하기 애매한 시기이기 때문이다. 부부는 알록달록한 책과 아이용품을 한 번에 수납하면서도 눈에 띄지 않게 가릴 수 있는 방법을 고민하다 슬라이딩 도어를 더한 월플렉스wallplex(벽면을 활용한 수납공간)를 떠올렸다. 공간이 좁은 것을 감안해 바닥부터 천장까지 꽉 찬 일반적인 형태 대신, 하부를 비워 공중에 떠 있는 듯한 디자인으로 맞춤 제작한 것이다. "처음에는 아이 짐을 가리기 위한 의도였습니다. 그런데 책과 함께 TV가 가려지게 되어 저녁 식사 시간에 TV를 보는 대신 식탁에 앉아 가족끼리 이야기하는 시간이 늘더라고요."

월플렉스 맞은편에는 베란다를 확장해 기존에 사용하던 소파와 새로 구입한 식탁을 놓았다. 부엌이 좁아 식탁을 거실로 뺐는데, 널찍한 식탁은 아이가 그림을 그리거나 엄마와 함께 숙제를 하는 일이 많아 의외로 활용도가 높다고 한다. 한편 식탁 자리만큼 부엌은 넓어졌다. 개수대를 중심으로 ㄷ자 형태의 조리대를 구성해 거실과 맞닿는 부분을 작업대 겸 아일랜드 식탁으로 활용한 것. 공간이 한결 넓어 보이는 데에는 맞은편의 슬라이딩 도어도 한몫한다. 디자이너는 "화장실과 드레스룸은 슬라이딩 도어를 설치했습니다. 슬라이딩 도어의 장점은 문을 여닫을 때 생기는 안쪽 공간을 확보할 수 있다는 것입니다. 게다가 화장실의 경우 문을 조금만 열어두면 환기시키기도 좋고 물청소할 때도 물이 닿지 않아 문 안쪽 부분이 썩는 것을 예방할 수 있습니다"라며 슬라이딩 도어의 장점을 설명했다. 또 슬라이딩 도어에 세로 스트라이프 디자인을 입체적으로 넣어 하얀 벽이 단조로워 보이지 않는 효과도 주었다.

1. 침대 헤드보드 쪽 가벽에 간접 조명등을 설치했다. 바닥의 답답한 느낌을 줄이면서 가벽에는 포인트 효과를 준다. 2. 침대 발치 쪽에 선반을 설치하면 시계, 휴지 등 간단한 생활용품을 놓을 수 있는 사이드 테이블이 된다. 3. 침대 헤드 쪽에 가벽을 세워 만든 공간은 서재와 메이크업룸으로 사용한다. 4. 슬라이딩 도어를 설치할 수 없는 벽에는 선반과 행어를 부착해 부족한 수납을 보완한다.

공간 분할로 생긴 알파 공간

이 집의 공간 활용을 돕는 것은 슬라이딩 도어만이 아니다. 침실에 가벽을 설치해 남편의 서재와 아내의 메이크업룸을 동시에 확보하는 알파 공간을 만든 것이다. 작은 방에 가벽까지 설치해 수납이 효과적일까 의문이었지만, 실제로 가벽을 세워 만든 공간은 책상과 화장대, 선반 그리고 옷을 거는 행어까지 설치할 정도로 충분히 여유롭다. 남편은 이곳에서 컴퓨터를 하거나 책을 읽고, 아내는 화장을 한다. 그리고 드레스룸까지 가지 않아도 자주 입는 옷이나 가방, 잠옷 등을 걸기도 하니 가벽 하나로 일석삼조의 알파 공간을 얻은 셈이다. 아이 방도 마찬가지다. 흰색 프레임 파티션을 가벽처럼 세워 침대와 책상을 분리한 것. "이 집에 10년 이상 살 생각으로 멀리까지 내다보며 레노베이션을 계획했습니다. 아이가 곧 초등학교에 입학하고 고학년이 되면 책상에 앉아 있는 시간이 많을 테니 책상과 침대를 분리해 조금이나마 널찍하게 사용하도록 해주고 싶었습니다. 책장과 벽 선반을 설치해 수납은 물론, 아이가 만든 작품을 전시할 수 있도록 했습니다." 김희진 디자이너는 가벽을 세울 경우 이로 인해 오히려 공간이 좁아 보이지 않도록 벽이나 바닥과 색감을 통일하는 것이 무엇보다 중요하다고 조언한다. 크기에 대한 욕심 대신 레노베이션을 통해 가족에게 맞는 생활 방식을 선택, 집중한 부부의 이야기를 들으며 새삼 집은 사는buy 것이 아닌 사는live 곳이 맞다는 확신이 들었다.

디자인과 시공 _ 옐로우플라스틱(070-7709-3542, www.yellowplastic.co.kr)

食口라는
풍경이 뿜어내는
온기를 담은 집

: 선택과 포기의 전술,
삼청동 누크 갤러리

시간의 더께가 쌓인 삼청동 한옥마을과 현대적 공간인 갤러리가 만났다. 형 부부가 모은 한국의 고가구와 동생 부부가 미국에서 사용하던 미션 스타일의 가구가 한 공간에 놓였다. 우리의 옛 생활용품과 1900년대 초 미국의 일상 생활용품이 한데 어우러졌다. 아니, 그보다 수십 년간 떨어져 지낸 형 가족과 동생 가족이 한집에서 살기 시작했다. 이 두 가족의 합가 스토리가 못내 궁금해졌다.

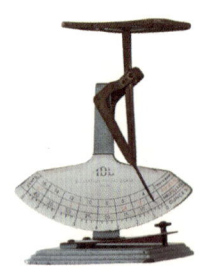

이 집에서 가장 멋진 전망을 자랑하는 4층 다실은 조망을 오롯이 즐기기 위해 통창을 냈다.

원래 물탱크가 있던 자리인 4층 계단실에는 형 부부가 모은 궤와 동생 부부가 수집한 1900~1920년대 미국의 생활용품(램프, 저울 등)이 함께 놓여 있다.

찬비 내리는 겨울날, 이 가족을 만났다. 밖에는 찬비가 어른거리는데, 카메라 조리개에 담긴 그들 주위엔 갓 구운 빵 같은 온기가 피어올랐다. 함께 밥 먹고 함께 뒹굴고 함께 잠자는 식구食口라는 풍경이 뿜어내는 온기였다. '나와 너'만 있는 2인 가구도 모자라 '나'만 있는 1인 가구가 주류처럼 돼버린 이 세상에서 3대가 함께 사는 모습은 낡은 스웨터의 보푸라기처럼 참 아련하고도 정겨웠다.

두 형제, 합가하다

미국에서, 서울에서, 지방에서 각각 따로 살던 이들은 얼마 전 합가合家했다. 흩어진 윷가락이 한목에 잡히듯 떠났던 형제들이 '아버지 곁'이라는 제자리로 돌아왔다. "애초부터 합가를 계획한 건 아니었어요. 오랫동안 산이 바라보이는 집을 찾아다니다 삼청동 골목길의 20년 가까이 된 다가구 주택을 점찍었고, 4층짜리 집이니 이곳에서 가족들이 함께 살아도 좋겠다며, 막연히 생각했죠. 전 한국에서 직장 생활을 하고 아내는 아이들 교육 때문에 미국에 머물렀던 터라 2년 정도 그 다가구 주택에서 저 혼자 살며 삼청동이란 동네를 곰실곰실 맛보았어요. 아침 9시마다 트럭 행상이 골목길에 나타나고, 할머니들이 가꾼 고추 화분이며, 배추 화분이 집집마다 늘어선 동네, 몇십 년 동안 박스 모아 자식들 교육시킨 자랑스러운 반장님네 동네. 떡 한 접시 건네면 부침개 한 접시 되돌아오는 동네, 바로 '아파트 삶'이 시작되기 전의 풍경이 남아 있는 동네더라고요." 동생이 이태 정도 주민으로 살아보니 강남 떼부자들의 습격이 한창인 한옥 동네, 일본인과 중국인 관광객의 행렬에 멀미가 날 지경인 삼청동 대신 늘임표 같은 삼청동의 매력이 눈에 잡혔다.

형 부부의 한국 고가구, 동생 부부의 스티클리 가구 그리고 동생 부부가 1980년대 말 하나씩 모은 오디오가 그럴싸하게 어울린다.

그는 다가구 주택을 통째로 구입하고, 고향의 본가에서 딱지 치며 함께 뒹굴던 빡빡머리 형제와 수십 년 만의 합가를 꿈꿨다. "언젠가는 형제가 같이 살게 되리라 생각했어요. 그저 물 흐르는 것처럼 자연스레 이뤄질 일 같았죠. 구체적으로 합가를 실행한 건 우리 집사람과 형수님이에요. 아이들이 공부하러 품을 떠나자, 오랜 미국 생활을 정리하고 서울에서 갤러리를 해보고 싶다는 집사람, 그동안 고향에서 부모님 모시고 살았으니 이제 서울에서도 좀 살아보고 싶다는 형수님 덕분에 두 집 살림을 합칠 수 있었죠." 중년의 삶을 거느린 두 가장의 합가에는 두 아내의 쿨한 응낙이 있었던 것이다. "어쩌다 보니 그렇게 됐어요. 부엌까지 공유한다고 하니 주변에서 많이 놀라던데, 형님과 저는 그다지 심각하지 않았어요. 그저 '같이 살자? 그래, OK!' 했죠." 함께 살며 새롭게 생겨날 관계의 주름까지도 '그래, OK!'로 포용할 게 분명한 이 쿨한 동서지간.

두 집 살림에서 한 집 살림으로

합가를 결정하자 삼청동 골목길에 조용히 웅크린 대지 면적 45평의 다가구 주택을 손보고, 두 집 살림(큰 아들이 모시고 살던 아버지 살림까지)을 옮겨오는 대사大事가 그들에게 남았다. "이 집의 가장 큰 장점은 인왕산이 바라보이는 '전망'이죠. 한데 이 집에서 전망이 가장 좋은 자리가 계단이에요. 1995년인가에 지은 집이니 전망에 대한 엄청난 관심은 없었을 거고, 그러니 집의 한복판에 계단을 들인 거겠죠. 어떻게든 전망을 살리고 싶었지만 계단이 집의 등뼈 역할을 하다보니 그걸 옮기는 건 비용 문제, 허가 문제(한옥 보존 지구인 삼청동에서는 한옥만 신축이 허용되고, 개·보수도 일일이 허가를 받아야 한다) 등에서 어려움이 있었어요.

1. '한 귀퉁이에 있는 아늑한 공간'이라는 뜻의 1층 누크Nook 갤러리. 2. 2층에는 동생 부부의 침실과 서재가 자리한다. 2층 갤러리와 맞닿은 공간으로 갤러리 천장을 노출하면서 침실과 서재의 천장도 함께 노출했다.

계단은 그대로 두면서 전망은 살리기, 살림집에 갤러리 공간까지 보태기, 바람 세고 언덕 높은 동네이니 단열과 방풍에 힘쓰기, 갤러리가 있는 건물이니 외관까지 신경 쓰기… 쉽지 않은 리모델링 공사였죠." 전망을 살리기 위해 원래 있던 작은 창들을 통창으로 만들고, 갤러리 공간이기도 하기에 바닥까지 넓히려던 거실 창을 줄여 외관의 비례미를 맞추고, 2층에 갤러리·동생 부부의 침실과 서재·사무실·살림 집 화장실·갤러리 화장실까지 요목조목 끼워넣고, 2층 살림 공간과 갤러리를 분리하기 위해 벽을 만들고, 집의 겉껍데기는 온기가 느껴지는 나무로 마감하고, 집과 갤러리의 속내는 흰색으로 마감하고… 그야말로 까다로운 리모델링 공사를 위해 가족들이 머리를 맞대었다. 1층은 갤러리, 2층은 갤러리와 동생 부부의 침실 겸 서재, 3층은 공동 부엌과 식당, 동생의 서재, 4층은 공동 거실과 형 부부의 침실, 다실, 게스트룸. 이렇게 한 뼘짜리 집을 다시 벌집처럼 나눴다. 그렇게 요긴하게 자리를 매긴 4층 집에서 이들은 동거와 분가를 현명하게 절충해 살기 시작했다. 마음먹기에 따라 자신들만의 공간에서 가장 사적인 쉼을 즐기다가, 또 마음만 먹으면 공동 부엌과 공동 거실에서 참견도 하고 딴죽도 걸고 소통도 하는 그런 가족으로. 걸레로 방을 훔치다가 문득 생각나면 3층의 아버지 방에 들러 어깨 주물러 드리고, 풍란에 물 주다가 문득 생각나면 4층의 형님 다실에 들러 녹차 한잔 얻어 마시고 온다. 이렇게 매일매일 '헤쳐 모여' 하며 사는 여섯 명의 식구가 됐다.

침실의 노출 콘크리트 천장에 철망으로 조명 박스를 달아 거친 느낌을 완화시켰다. 좁은 공간에 가득한 미션 스타일 가구가 청교도적인 간결함을 더해준다.

합가

말 그대로 살림을 합치기 위해 고향의 형네 살림, 서울과 미국의 동생네 살림을 한데 모았다. 이거야말로 선택과 포기의 전술이 필요했으리라. "큰 전자 제품은 형님이, 소소한 전자 제품은 제가 쓰던 것들이에요. TV는 저희 것과 형님 것을 한 대씩, 오디오는 저희가 1980년 대 말 미국에서 하나씩 모은 것들이고요. 부엌살림은 제가 유학 시절부터 모은 것이 많아 대부분 제 것을 두었고, 다실용품은 다도를 하는 아주버님이 하나씩 모은 것들로 채웠어요. 이렇게 두 가족이 관심 있는 분야가 다르니 자연스럽게 물건이 겹치지 않고 조화를 이루었어요. 그리고 이제 어느 정도 나이가 들어서인지 내 것에 대한 애착이 덜해 같이 사용하는 데 부담이 없어요. 젊을 때 합쳤으면 네 것 내 것 구분이 심했을 텐데, 나이 들어 합치니 서로 너그러워진 것 같습니다." 사실 사람과 사람이 살 비비며 사는 일이니 지금처럼 늘 화평하기만 할까 딴죽 걸고 싶지만, 조정란 씨의 자분자분한 설명에 그저 고개를 주억거리게 된다.

이 집의 세간 중 가구야말로 명실상부한 '합가'의 증거물이다. 형 부부가 오래전부터 수집해온 한국 고가구들, 동생 부부가 1980년대 미국 유학 때부터 모은 미국풍 가구, 이 생경한 두 스타일이 한 공간에서 만났다. "저는 미션mission 스타일 가구(미국식 아트 앤드 크래프트 양식의 가구라 할 수 있는데, 종교적 색채가 밴 간결하고 직선적인 디자인, 견고한 목재와 튼튼한 짜임이 특징이다. 구스타프 스티클리Gustav Stickley가 가장 대표적인 미션 스타일의 가구 디자이너다)를 좋아해 유학 시절부터 꾸준히 사 모았어요. 미국에선 1년에 한두번 정도 플로어 샘플 세일Floor Sample Sale이라 해서 가구점의 전시품을 세일하거든요. 평소 마음 가는 스타일의 가구를 눈여겨봤다가 60% 정도 가격에 좋은 가구를 살 수 있는 기회죠. 제 가구들은 그때 구입한 것이 많아요. 앤티크 가구들도 좋아해 주말이면 집 전체의 가구나 살림을 파는 에스테이트 세일Estate Sale을 찾아 돌아다녔어요.

1. 조정란 씨의 컬렉션인 20세기 미국의 저울. 채소 무게 달던 저울, 우체국에서 편지 무게 달던 저울, 달걀 무게 달던 저울 등 다양한 저울을 모았다. 저울 뒤를 보면 그 시대의 우편물 가격, 채소 가격 등이 쓰여 있어 그 시절의 생활과 물가를 알 수 있다. 2. 3층 동생의 서재.

돌아가신 분의 가구를 모두 처분하는 세일인데 오래되어 값어치 있는 물건이 많아요. 특히 나무 가구들은 오랜 세월이 묻어나 느낌이 좋고요." 조정란 씨의 가구 컬렉션에선 청교도적 건강함과 성실함이 묻어난다.

"고향의 주변 동네는 그야말로 일반 농촌 마을이죠. 1980년대까지만 해도 마을의 집집마다 고가구가 즐비했어요. 이미 그때부터 고가구에 빠져 고향 주변의 시골을 돌아다니며 가구를 사 모았죠."

두 가족이 모은 가구, 시대와 나라를 넘나드는 가구가 이 집 거실에서 만났는데 묘하게도 한배에서 태어난 것처럼 그럴싸하게 어우러진다. "저와 형은 같은 엄마 젖으로 자란 형제라 개성은 달라도 형질은 동일한 것처럼 한국 고가구와 미국의 미션 스타일 가구도 동질이형同質異形의 물건인 거예요. 그래서 한데 놓으면 한 몸 같아 보이는 거고요."

이 설명에 무릎을 치고 싶다. 어쩌면 세상 만물이, 세상 모든 이의 삶 자체가 동질이형인지도 모른다. 수십 년 만의 합가를 감행한 이 가족. 어쩌면 이들은 앞으로 '나의 묵묵 부답'과 '상대방의 안절부절'이 범벅이 된 날을 맞이할지도 모른다. 하지만 결국 정겹게 웃고 말 것이다. 가족이니까. 사랑보다 오지랖 넓은 정으로 뭉친 가족이니까.

19년 된 아파트,
건축적
리모델링을 하다

: 건축 디자이너 박선영의
신혼집 인테리어

누구나 저 푸른 초원 위에 그림 같은 집을 짓고 살기를 원한다지만, 편리한 아파트의 유혹을 뿌리치기 힘든 것도 사실이다. 아파트 인테리어로는 잘 선택하지 않는 용기 있는 발상을 통해 19년 세월을 멋지게 극복한 디자이너 박선영 씨의 신혼집을 소개한다. 현관, 거실, 주방, 침실, 욕실에 이르는 각 공간별 세러피와 함께 조도, 가구, 컬러, 수납에 이르기까지 그야말로 참신한 아이디어가 가득하다.

현관의 동선을 바꾸면서 삼각형 면적만큼 거실 면적이 줄었다. 대신 문 한편에 거실 TV장과 이어지는 선반을 달아 출근할 때 가방을 놓아두고 신발을 신거나 열쇠 등을 올리기 좋다.

1. 식탁은 거실 베란다에 배치해 차를 마시는 등 활용도를 높였다. 2. 거실 전면에 짜 넣은 자작나무 책장은 넉넉한 수납은 물론 간접 조명 박스로 디자인적 묘미를 살려 아트월 기능까지 한다.

아파트 엘리베이터에서 배달 음식 광고 전단지만큼 자주 눈에 띄는 것이 내부 수리 공사 안내문이다. 요즘 집을 장만하거나 이사를 하면서 레노베이션을 하는 경우가 그만큼 많아졌다는 얘기다. 디자이너에게 일임하거나 스스로 하거나 상관없이 인테리어를 하는 데는 상당한 예산과 노력이 투입되게 마련이지만, 그 만족도는 저마다 다르다. 누군가는 확일적 스타일에, 누군가는 공간의 기능 면에 불만을 토로한다. 이쯤에서 '아파트 테라피'의 창시자 맥스웰 길링험 라이언의 주장을 눈여겨볼 필요가 있다. 그는 아파트를 그저 '밋밋한 하얀 상자'가 아닌 하나의 '생명체'로 여기며, 아파트의 건강을 회복시키는 것이야말로 우리 삶을 치유하는 지름길이라고 말한다. 어쩌면 우리는 무언가를 구입하고 꾸밈으로써 주거에 관한 문제를 해결할 수 있을 것이라고 성급하게 결론짓는 오류를 반복하는지도 모른다. 더 얇은 TV, 더 푹신한 소파, 더 넓은 수납장 등을 채워 넣는 것보다 중요한 것은 저마다 다른 삶의 패턴을 공간에 반영하는 일인데 말이다.

박선영 씨의 신혼집 레노베이션은 이처럼 단순하면서도 본질적 화두에서 시작했다. 그리고 인테리어라는 미명하에 불필요한 작업을 하는 건 아닌지, 자신에게 되물으며 디자인을 잡아나갔다.

베란다에 욕조를 매입해 힐링 공간으로 완성한 안방 침실. 돌을 밟는 느낌을 주고 싶어 폴리싱 타일을 시공했는데 여름에는 시원하고 겨울에는 따뜻하다.

베란다를 꼭 없애야 할까?

건축설계를 전공하고 영국의 포스터&파트너스, 삼우설계, 황두진 건축사사무소, 삼성물산 건축설계팀을 거쳐 현재 건축 및 인테리어 디자인 사무소인 O-scape(www.o-scape.co.kr)를 운영하는 박선영씨는 신혼집으로 아파트의 편의성을 선택했다. 저마다 다른 취향과 생활 패턴이 공간 디자인에 충분히 반영된다면 아파트 역시 사는 이의 개성을 담을 수 있을 거라는 확신도 있었다. 그는 다소 낡았더라도 벽과 천장 등 골조가 튼튼한 오래된 아파트를 찾았다. 지은 지 20년 정도 된 아파트는 복도나 현관보다 각 부실의 비율이 넉넉했고, 베란다를 확장하지 않아 그가 구상하던 아이디어를 접목하기가 수월했기 때문이다.

그가 생각하는 주거의 가장 핵심 기능은 '힐링'. 그 방법으로 기존 아파트에서 가장 쓸모없는 공간으로 전락한, 그래서 대부분 확장해버린 베란다를 다시 부활했다. "안전성, 편리성 등 아파트의 장점을 그대로 살리면서 마치 개인 주택처럼 개성을 담아내는 방법이 무얼까 고민을 많이 했어요. 레노베이션을 하더라도 구조상 크게 바뀔 수 있는 것이 많지 않다는 아파트의 한계를 먼저 인정하니 힘줄 곳이 딱 두 군데, 침실과 거실로 정해지더라고요. 평소 혈액 순환이 잘되지 않아 반신욕을 즐겨 했는데, 안방 베란다를 아예 욕조로 만들면 좋겠다는 생각이 떠오르더라고요."

창경궁 연경당에서 모티프를 얻어 만든 안방 베란다의 욕조. 그린과 블루 컬러로 싱그러움을 더한 이 욕조에서 앞산을 바라보며 반신욕을 즐긴다. 공동 주택이기에 방수를 3중으로 했다.

베란다 욕조는 창덕궁 연경당에서 모티브를 얻어 만든 것, 좁은 툇마루를 돌아 나가면 정원이 펼쳐지는 모습을 재현했다. 베란다 전체에 벽돌을 쌓은 뒤 방수제를 입히고, 큰 타일과 조각 타일을 이중으로 마감한 뒤 욕조를 매입했다. 욕조 높이만큼 자작나무 패널로 단을 만들고 욕조와 단 사이에 한식 창을 달았다. 물이 닿는 공간이기 때문에 한식 창호는 종이 대신 종이 느낌을 내는 아크릴 섬유판을 넣어 제작했고, 자작나무에는 방수 페인트를 발라 마감했다. 창살이 퍼지듯 기하학적으로 배치한 계단은 평소 턱 걸터앉는 쉼터요, 단 아래는 수납장으로 활용하니 아주 실용적이다.

"베란다 욕조에 몸을 폭 담그고 있으면 마치 산 중턱에 와 있는 듯 청아한 바람이 솔솔 들어와요. 바로 앞에 산이 있어 경치도 좋죠. 거실 베란다 역시 확장하는 대신 테이블과 의자를 두었더니 차 한 잔 마시는 여유를 즐길 수 있고요."

이처럼 힐링에 테마를 둔 박선영 씨가 또 하나 강조하고 싶은 것은 조도다. 과도하게 밝은 빛은 눈을 피로하게 하고 심리적으로 산만하게 만든다는 것이다. 아이가 태어나면 쓸 방, 드레스룸, 주방 등 꼭 필요한 곳에만 스포트라이트 조명 등을 시공하고, 전체적으로 간접 조명을 시공해 마음을 안정시키는 은은한 빛을 조성하니 늘 자연과 더불어 사는 기분이다.

신발장을 바꿔 45도로 틀어 배치한 현관.

풍수는 고루하다고?

집 안으로 강물이 흐른다고 상상해보자. 현관문을 지나 곧장 방으로 빠르게 흘러들어가거나 혹은 막힌 벽에 부딪쳐 구석에 멈춘 채 소용돌이를 일으킨다면? 가장 이상적인 물의 흐름은 물살이 벽과 가구 사이로 구불구불한 곡류를 그리며 최대한 집 전체로 흐르는 것이다. 이처럼 어떤 공간이든 그 안의 에너지가 완전히 순환하게 하는 것이 좋다고 강조하는 박선영 씨는 '풍수'를 공간 설계의 중요한 요소로 고려했다.

"음양오행상 나무가 많으면 좋다고 해서 나무 소재를 많이 사용했어요. 안방 베란다 욕조, 거실 전면의 책장, 작은 방의 장식장 등 모두 자작나무로 마감했죠. 집에 들어서는 순간 거실 창을 바라볼 수 있도록 현관의 동선도 45도 틀었고요. 이는 결과적으로 공간 활용에도 플러스 요인이 되었지요."

기존 집은 현관에 들어서면 화장실 문이 정면에 보이고 신발장, 복도, 거실이 모두 열려 있는 구조였다. 이처럼 공간이 분리되지 않으면 거실에 앉아 있어도 현관에 서 있는 것 같고, 그마저도 복도는 죽은 공간이 된다. 이때는 흐르는 동선을 끊는 것이 방법이다. 현관 정면으로 붙박이장을 짜 넣고, 거실을 향해 비스듬히 중문을 달았더니 일단 현관이 번잡하지 않아 좋단다. 구조를 이렇게 바꾸지 않았다면 그저 현관 앞 복도였을 가벽에는 앤티크 뷰로를 놓았는데, 간편하게 노트북을 올려 컴퓨터 책상으로 활용하기도 제격이다.

침대 헤드보드 벽면은 전통적 느낌을 더하기 위해 팥죽색으로 마감했다.

여닫이문이나 문턱 등 동선을 방해하는 요소가 없는 것도 특징이다. 기존 문을 모두 떼어낸 뒤 방과 욕실에 슬라이딩 도어를 설치했는데, 그 결과 문을 모두 열어두면 어떤 공간에 있든지 실제 면적보다 넓게 느껴진다. 몰딩, 걸레받이, 문턱 등 군더더기를 제거하고 화이트 컬러로 마감해 시각적으로 확장된 듯한 효과도 얻었다. 또한 컬러는 집에 정서적 에너지를 더하는 중요한 요소다. 이 집은 무채색과 원색을 8:2의 비율로 사용했다. 베이스로 피부 톤을 정리하고 입술과 눈에 강한 포인트를 주는 메이크업 공식처럼 공간도 8:2로 조화를 이루어야 한다는 것. 거실은 베란다에 원색 의자를 두고, 침실은 헤드보드 벽면만 팥죽색으로 마감하고, 전체적으로 문을 파란색으로 포인트를 주는 식이다.

"보라색인데 조금 더 전통 느낌이 나는 색이 없을까 고민하다가 팥죽색을 골랐어요. 침실 헤드보드 벽과 연결되는 안방 화장실 벽은 팥죽색으로, 천장은 팥죽색과 어울리는 회색으로 칠했죠. 파란색, 보라색은 특히 감정을 차분하게 하고 집중할 수 있게 해주는데 침실, 서재, 아이 방 등 조용한 분위기로 꾸며야 하는 곳에 어울려요."

주방에서 침실을 바라본 모습. 베란다 앞 수납장 겸 쪽마루에 엎드려 책 읽는 시간은 그야말로 힐링이다. 시공은 엔데코 민영희 실장이 맡았다. 거실 소파는 치에레 제품으로 디사모빌리에서 구입.

건축 요소를 인테리어로 접목한다면?

박선영 씨가 건축을 전공한 뒤 네덜란드 유학을 결심한 것은 실용과 디자인을 접목한 그들의 건축을 경험하기 위해서였다. 나무 하나도 계산해서 심는 나라 네덜란드. 땅을 개간하고, 세계적 건축물을 완성하는 데 걸린 2백 년이라는 시간 동안 철저한 계획을 바탕으로 보다 실험적이면서 디테일한 디자인을 완성하기까지, 그들의 건축 설계 과정을 경험하고 나니 오히려 '디자인'에 대한 갈망이 보다 현실적으로 정리되었다.

"건축 요소들을 인테리어로 변형, 적용하는 재미가 컸어요. 건축에 '매싱한다'는 말이 있어요. 쉽게 말해 덩어리감을 표현한다는 뜻인데, 프로그램이 다 똑같을 때 매싱을 어떻게 하느냐에 따라 공간이 달라지는 모습을 반복해서 연습하죠. 인테리어로 매싱을 적용해 공간감을 더한 곳이 바로 천장이에요. 안방 계단 위쪽, 덩어리로 푹 들어간 사선 공간은 안방을 한결 입체적으로 만들어주는 요소입니다. 안방 천장 레벨과 거실 천장 레벨은 마치 뒤집힌 듯 정반대 모습이죠. 안방은 넓은 부위를 가벽으로 덧댄 뒤 조금만 오픈하고, 거실은 완전히 오픈했다가 책장 위쪽만 가벽으로 막아 변화를 주는 등 전체적으로 공간에 리듬감을 더했어요."

획일적 구조에서 오는 답답함에서 벗어나기 위해 건축 요소를 공간 곳곳에 적용했다. 거실 소파 맞은편 TV 수납장은 현관 밖 모서리 선반과 같은 레벨로 이어져 수평적 확장감을 더한다. 건축적 미감에 집중하느라 실용성은 간과하지 않았을까 염려된다면 천만의 말씀. 샤워 후 몸을 말리고 옷을 입는 공간을 만들기 위해 중문을 달아 전실을 확보하고, 욕실은 모두 건식으로 완성했다. 건식 욕실은 위생적으로 관리하기 편할뿐더러, 레노베이션할 때 타일을 해체하지 않고 덧방 공사가 가능해(욕실과 거실이 높이가 같아져도 무방하기 때문) 비용도 절감된다. 공간 곳곳에 수납장도 짱짱하게 배치해 수납공간도 한층 여유롭다.

1. 파란 중문 안쪽으로 자리한 욕실. 민트 컬러로 포인트를 주었다. 2. 블루 컬러의 보색인 오렌지색 타일로 포인트를 준 주방. 3. 미래에 태어날 아기 방은 연한 블루 톤으로 포인트를 주었다. 4. 자칫 죽은 공간이 되었을 현관 옆 복도 벽면에 뷰로를 두고 컴퓨터 책상으로 활용한다. 부실별로 다른 촉감을 느낄 수 있도록 소재가 서로 다른 바닥재를 시공했다.

"집을 고치면서 제가 조금 강한 디자인을 선호한다는 걸 깨달았어요. 초안은 지금보다 패턴이 과했고 색깔도 훨씬 많이 썼죠. 그런데 이 집을 다시 판다고 생각했을 때, 보편적인 미감도 고려해야겠다는 생각이 들더라고요. 또 디자인을 수정하거나 무언가 결정해야 할 때는 늘 단열, 결로, 난방 등 주거의 기본 부분에 질문을 던졌고, 또 10년 이상 살 집이기에 여백도 필요했고요. 욕심과 절제의 과정을 반복하며 끊임없이 '기본'을 되물었더니 실용과 디자인이 적절히 버무려진 집이 완성되었어요."

여백, 음주
그리고
동심으로 말하는 집

: 공간 활용 200%,
가구 디자이너의 아파트 레노베이션

한적한 가회동 언덕에서 의자를 디자인하는 '체어스온더힐'의 한정현 작가가 얼마 전 광화문의 한 주상 복합 아파트로 이사를 했다. 가구 디자이너의 집인 만큼 내심 쇼룸을 방불케 하는 화려한 가구로 꾸몄으리라 기대했다. 하지만 교과서적 가구 세팅 대신 집을 설명하는 요소는 단 세 가지. 여백, 음주音酒 그리고 동심이었다.

부엌에서 바라본 거실. 우븐 소파, 트위스트 TV장 등 부드러운 선의 미학이 느껴지는 가구와 햇살이 어우러져 마치 모든 것을 포용하는 듯한 따뜻한 공간을 완성했다.

가구 디자이너 한정현. 벤치 포 투, 코르트 스툴, 체어스 온 더 월 등 스토리가 있는 가구를 짓는다.

요소 1 _ 여백

그림처럼 공중 부양한 의자(사실 선반), 체어스 온 더 월chairs on the wall. 가구를 작품으로 인정하지 않는 것에 대한 반발심에서 시작한 이 작업을 통해 사람들에게 강한 인상을 남긴 디자이너 한정현의 집에 들어서니 역시나 하얀 벽 위에 의자가 그림처럼 걸려 있다. 디자인과 순수 예술의 경계를 넘나들며 경쾌하게 '제약'을 깨뜨리는 그이기에, 머무는 공간 역시 자유롭고 유연하리라는 기대는 당연했다. 하지만 이 자유와 유연의 비결이 '여백'이라는 점은 왠지 아이러니하다. 가구 디자이너의 집인데, 이토록 심플하고 간결할 수 있다니.

"무엇보다 집은 안락하고 실용적이어야 해요. 그리고 그 안락함은 해방감을 주는 공간이 좌우한다고 생각해요. 제가 집을 레노베이션하면서 주문한 것은 딱 하나, 여유가 느껴지는 탁 트인 공간이었어요. 여백이 많은 공간은 언뜻 보기엔 허전한 것 같지만 세부적인 부분, 마감재 등 디테일을 놓치지 않으면 그 어떤 공간보다 따뜻하고 꽉 찬 공간이 완성되니까요."

거실 아트월은 벽을 침실 쪽으로 1m 정도 밀어 넣고 시멘트 블록으로 마감했다. 트위스트 테이블, 박선기 작가의 숯 설치 작품을 매치했다.

체어스온더힐 쇼룸이 있는 가회동과 가깝고, 주변 부대시설을 이용하기 좋다는 장점으로 광화문의 주상 복합 아파트를 선택했다. 주상 복합이지만 높이가 12층으로 제한되었고 광화문 한복판이면서도 무척 조용하다는 점이 매력적이었지만 같은 평수의 아파트보다 전용 면적이 좁고 내부 구조와 동선이 답답해 레노베이션은 필수적이었다. 대궐같이 넓지 않은데도 여백이 많다는 것은 결국 효과적인 구조 변경으로 널찍한 캔버스를 만들고, 공간 구석구석을 잉여 없이 잘 활용했다는 뜻일 터. 디자인을 맡은 버텍스Vertex의 김택수 소장은 우선 현관에서 거실로 이어지는 복도 한쪽을 가로막는 주방의 벽면을 과감히 털어 냈다. 거실 벽을 안방 쪽으로 1m 정도 밀어 넣은 뒤 안방 문을 거실 끝쪽으로 옮기니 주방에서 거실까지 하나로 탁 트인 스튜디오형 공간이 완성되었다. 거실 벽은 모두 미색으로 도장하고 바닥은 회색빛이 도는 광폭 마루재를 깔았다. 내추럴한 바닥의 촉감을 한껏 즐기기 위해 거실 테이블도 생략했다는 한정현은 부엌 역시 넓고 심플하게 쓰고 싶어 벽면과 함께 아일랜드까지 철거한 뒤 널찍한 다용도 테이블을 배치했다.

"집에 가구나 소품을 적게 두면 공간의 유동성이 커져요. 거실 한가운데를 차지하는 소파 테이블을 한번 생각해보세요. 대부분 발 거치대가 되거나, 매거진 랙으로 활용할 뿐이죠. 청소할 때마다 들어내기 힘든 무거운 카펫, 툭하면 전선이 발에 걸리는 사이드 테이블과 화기 등 가구나 소품을 채우는 데 급급하지 말고 그곳에서 어떤 생활을 할지 먼저 생각하는 게 중요해요."

남편은 거실에서 맨발로 뛰놀며 즐거워한다. 엄마는 거실과 부엌 사이 테이블에 앉아 와인을 마신다. 이 집의 저녁 풍경은 대체로 이러하다.

1. 레드 컬러로 포인트를 준 선반장이 거실 공간에 조형미를 더한다. 소파 왼쪽의 디어 캐비닛Dear Cabinet 은 약장을 모티프로 디자인한 제품으로 독특한 비례와 구조가 특징이다. 2, 3. 식탁은 한정현 작가가 가장 많은 시간을 머무는 곳. 평소 갖고 싶었던 비트라의 포텐스 벽등을 달았다.

요소 2 _ 와인과 음악

와인과 음악을 좋아하고 디자인을 사랑하는, 다르면서도 참 많이 닮은 부부. 거실과 다이닝, 부엌의 경계를 없앤 이유 역시 부부의 이러한 취향을 반영하기 위함이었다.

"하루 중 가장 오랜 시간을 보내는 곳이 바로 식탁이에요. 서재가 따로 없으니 식탁에서 주로 컴퓨터로 업무를 보고 가회동 쇼룸이나 학교에 나가지 않을 때는 이 식탁에서 서윤이와 책도 읽고 그림 공부도 하지요. 와인을 좋아해 식사 시간도 긴 편인데, 거실과 다이닝이 이렇게 하나로 트여 있으니 집을, 공간을 200% 이상 충분히 누리고 있다는 느낌이 들어요."

식탁에 매치한 코르크 앤 코르크 벤치(코르크 마개를 사각 틈에 끼워 넣을 수 있는 디자인으로, 디자이너와 사용자가 함께 디자인을 완성한다는 새로운 장르를 연 작품), 빌트인 냉장고 옆 와인 랙, 식탁과 소파 사이 책장에 꽂힌 와인 관련 책은 와인을 즐기는 부부의 취향을 오롯이 드러내는 요소다. 또한 집에서 가장 인상적인 공간으로 꼽히는 거실 아트월은 남편의 오디오 시스템을 위해 탄생한 공간이다. 조형적 트위스트 테이블 위의 오디오, 스피커에 맞춰 움푹 들어간 벽 안쪽에 외장재인 시멘트 블록을 쌓은 뒤 박선기 작가의 숯 설치 작품을 배치한 아트월은 완성한 것임에도 마치 미완의 공간처럼 느껴진다.

"무엇보다 디자인의 가장 큰 특징을 꼽으라면 '주거 공간이라면 이래야 한다'는 고정관념을 깼다는 점이에요. 일반적이라면 부엌과 거실을 분리하고, 서재도 하나쯤 구성했겠지만 이 집은 서재 대신 아이 방이 두 개, 현관문을 열면 주방과 거실이 하나로 펼쳐지죠. 또 보통이라면 단순히 소파를 두거나 전면 책장을 짜 넣었을 벽에 ㄱ자형 선반을 설치하고 그 아래에 장과 소파를 두니 오히려 하나의 아트월처럼 연출되었고요."

1. 아이가 마음껏 뛰놀 수 있도록 비밀 공간을 만들어주고 싶었다. 수납장이 일체형으로 구성된 침대는 리첸에서 제작. 룸포 키즈의 핸드메이드 장난감으로 따스한 분위기를 연출했다. 2. 네모반듯하지 않고 사선으로 꺾이는 벽이 있어 더 재미있는 공간이 완성된 아이 방. 3. 아이 방 베란다는 피겨를 넣을 수 있는 조명등과 좌식 체어로 꾸몄다. 4. 테이블은 상판 두께가 점점 두꺼워졌다 다시 좁아지는 디자인이 인상적이다.

건축가답게 시원시원한 선을 살리면서 한정현의 가구도 잘 어우러질 수 있도록 공간을 완성했다. '디자인의 시작은 디자이너지만 완성은 사용자의 몫'이라는 집주인과 그의 디자인 철학이 통했기에 교과서적 스타일에서 벗어나 이처럼 개성 있는 공간이 탄생한 것이리라.

요소 3 _ 동심

작품 활동을 하며 개인전과 그룹전을 꾸준히 기획하고 홍익대학교 미술대학 조교수로 임용되는 등 줄기차게 달려온 커리어의 여정 속에서도 그는 다섯 살 난 똘이(태명)를 위해 키즈 가구를 디자인하고, 브랜드와 협업해 양산하는 등 매 순간 최선을 다하는 알파 맘이다. "다섯 살 난 똘이에게 가장 중요한 것은 창의력 발달이라고 생각해요. 무한한 상상과 다양한 놀이를 할 수 있고, 무엇보다 마음껏 어지르며 놀 수 있는 공간을 선물해주고 싶었어요. 또 똘이만의 비밀 공간도 만들어주고 싶었고요. 피겨를 넣은 조명등과 좌식 의자로 꾸민 작은 발코니, 봄이 되면 그곳에서 많은 시간을 보내겠죠?"

아래층은 침대, 위층은 놀이 공간, 수납장이 일체형으로 구성된 아이 방 침대는 그가 디자인하고 리첸에서 제작한 것이다. 욕실의 욕조를 없애면 아이가 물놀이하기 좋다는 김택수 소장의 조언에 따라 거실 욕실은 욕조를 없애고 미끄러짐 방지 타일을 시공했다. ㄷ자형 주방은 아일랜드 조리대를 없애 폭이 꽤 넓은 편인데, 그가 부엌일을 할 때도 졸졸 쫓아다니는 아이가 바닥에 앉아 그림을 그리며 놀아도 동선에 방해가 되지 않아 좋다. 바닥에 둔 이동열 작가의 작품과 그 옆 자그마한 스툴 그리고 그 위에 낮게 단 시계 역시 예사롭게 보이지 않는 이유는 이 모든 것이 아이를 위해, 아이 눈높이에 맞추었기 때문이다.

1. 돌 질감이 그대로 느껴지는 타일을 각기 다른 크기로 잘라 마감한 욕실. 2. 욕실에서 바라본 침실. 천장과 TV 쪽 포인트 월은 일본에서 공수한 친환경 벽지로 마감했다. 창문 쪽 베란다를 확장한 뒤 날개벽에 책장을 짜 넣고 원형 테이블과 의자를 두어 책 읽는 공간으로 활용한다.

"이전 집은 곳곳에 CD며 아이 물건이 가득 쌓여 있었어요. 이번에 디자인을 하면서 살림살이를 정확하게 파악한 뒤 수납장의 규모와 짜 넣을 공간을 정했지요. 남편 책은 침실 창가 쪽에 책장을 짜 넣고 수납한 뒤 테이블과 의자를 두어 책 읽는 공간으로 꾸미고, CD는 거실 창가 쪽 날개벽에 이중 레일장을 짜 넣고 수납했더니 책을 읽고 음악을 듣고 바로바로 정리할 수 있어 좋아요. 적재적소의 수납이 중요하다는 걸 깨달았지요."

물건에 좌지우지되지 않는 것, 여백이 충분한 집에 산다는 것은 결국 삶의 주도권을 사람이 쥐고 있다는 뜻이다. 책 몇 권, 푹신한 소파 하나로도 안락함이 완성된다. 또한 여백이 있는 공간에서는 모든 게 작품이 되고 매 순간이 소중하다. 창가로 쏟아지는 빛, 벽에 걸린 선반 하나도 존재감이 있는 이 집이 여유로우면서도 따뜻한 비결, 바로 '여백'에 있었다.

설계 및 시공 _ 버텍스 디자인(02-6328-0108, www.ver-tex.net)

내 작은 집 디자인하기

글·사진 〈행복이가득한집〉 편집부

1판 1쇄 펴낸날 2014년 8월 15일
1판 3쇄 펴낸날 2017년 3월 10일

펴낸이 이영혜
펴낸곳 디자인하우스
       서울시 중구 동호로 310 태광빌딩 우편번호 04616
대표전화 (02) 2275-6151
영업부직통 (02) 2263-6900
팩시밀리 (02) 2275-7884, 7885
홈페이지 www.designhouse.co.kr
등록 1977년 8월 19일, 제2-208호

편집장 김은주
편집팀 박은경, 이수빈
디자인팀 김희정
마케팅팀 문상식, 문영학, 홍연희
제작부 이성훈, 민나영

기획 행복이가득한집
글 이지현, 신민주, 최혜경, 손지연, 신혜원, 이은경, 황여정
사진 박찬우, 이우경, 김동오, 김덕창

출력·인쇄 중앙문화인쇄

ISBN 978-89-7041-628-1 13590

값 12,000원